农业绿色发展18讲

From Extensive Irrigation and Fertilization to Emission Reduction and Carbon Sequestration: 18 Lessons for China's Agriculture Green Development

从大水大肥到减排固碳

金书秦 等 著

中国发展出版社
CHINA DEVELOPMENT PRESS

图书在版编目（CIP）数据

从大水大肥到减排固碳：农业绿色发展18讲 / 金书秦等著. —北京：中国发展出版社，2023.3

ISBN 978-7-5177-1371-5

Ⅰ. ①从… Ⅱ. ①金… Ⅲ. ①绿色农业—农业发展—研究—中国 Ⅳ. ①F323

中国国家版本馆CIP数据核字（2023）第064974号

书　　名：从大水大肥到减排固碳：农业绿色发展18讲
著作责任者：金书秦　等
责 任 编 辑：王　沛　贾雅楠
出 版 发 行：中国发展出版社
联 系 地 址：北京经济技术开发区荣华中路22号亦城财富中心1号楼8层（100176）
标 准 书 号：ISBN 978-7-5177-1371-5
经　销　者：各地新华书店
印　刷　者：北京博海升彩色印刷有限公司
开　　本：710mm × 1000mm　1/16
印　　张：15.5
字　　数：202千字
版　　次：2023年3月第1版
印　　次：2023年3月第1次印刷
定　　价：68.00元

联 系 电 话：（010）68990630　68360970
购 书 热 线：（010）68990682　68990686
网 络 订 购：http://zgfzcbs. tmall. com
网 购 电 话：（010）88333349　68990639
本 社 网 址：http://www.develpress. com
电 子 邮 件：330165361@qq.com

感谢以下基金的资助：

国家重点研发计划“化学肥料和农药减施增效综合技术研究”专项，“化肥农药减施增效技术应用及评估研究”项目，课题四“化肥农药减施增效管理政策创设研究”（编号：2016YFD0201304）。

国家高层次人才特殊支持计划青年拔尖人才项目“乡村振兴背景下农业绿色发展的技术路径和制度体系”。

农业农村部科技教育司支持“农业环境治理体系建设”研究项目。

农业农村部种植业管理司支持“化肥减量增效评估和趋势”研究项目。

前言
Preface

我是“80后”，由于计划生育政策的施行，我们这代人大多数是独生子女，因此，我们可能是第一个被贴上年代标签并最初具有一定“负面”含义的，比如说我们曾被认为是“垮掉的一代”等。直到现在，在一些事情上我们还经常“被年轻”，这就是标签的力量。我们似乎是永远长不大的一代，而实际上最年长的“80后”已经年过不惑了。

我们这代人能够拍着胸脯说“我是个农民”的已经比较少见，甚至“农民的儿子”都不多。很幸运，我现在还经常拍着胸脯说“我就是个农民”。实际上，除了本科到博士的那9年时间，我其他的时间都跟农业有关。我17岁上大学之前，家里还以务农为主，记忆最深的是每年的“双抢”，学校会专门放假，让我们这些农村孩子回家帮忙。那时候还是“面朝黄土背朝天”的劳作方式。这些辛苦的农事劳动，既是父母随时随地教育我们要好好念书的素材，也确实成为我“逃离农村”的最大动力。那时实在是太苦了。我不是独生子女，在计划生育实施前，父母已经生了4个孩子，这既让我们小时候感到生活困难，却也在成年后感到幸福。我们家里7口人，共分得5.6亩水田，一共有10块田，最大的一块田有1亩多，最小的一块田只有5分；离家最近的那块田是我最喜欢的，离家只有两三百米，在家门口就可以看见，而离家最远的大概有3千米。这些田地是当时家里最重要的资产，一年至少要种两季水稻（家乡话叫“禾”）。每家每户房子前面都有一块跟房子面积差不多大的场地，我们叫“禾场”，从名字就能知道它的功能——堆积、晾晒稻子。

种稻子先要浸种，然后把发芽的种子撒到秧田里，由于撒得不均匀或者有的小秧长得不正，所以秧苗在田里长到两三厘米时要“顶秧”，就是用手指头把长得不正的小秧往下摁一摁，把它顶直了，碰到稀疏差异大的还要把密集地方的秧苗匀到稀疏的地方；等秧苗长到快20厘米了，就该移栽了——把秧苗从秧田中拔出来，挑到其他田块，再一棵一棵地栽下去，也叫栽禾或插秧；中间要经历几次施肥、打药和灌水。灌水是那时候农村最容易引起争斗的活动。在同一片区域，水源只有一个，上游如果堵死了，下游就没水了。一般按照先来后到的顺序，去得早的把田灌满后再往后轮；有不讲究的一来就把水一堵，下游就没水了。灌水都要带把铁锹挖泥巴堵水，所以灌水的时候一争起来就容易把铁锹变成武器，打架是常有的事；有时候还有其他的意外情况，比如我大哥去给秧田灌水时就被蛇咬过。水稻抽穗、灌浆成熟后就要收割。收割有两个步骤——先割后收。割稻子用镰刀，家里有几个人就会有几把镰刀，小孩有小号的。暑期天热，大人就把竹板床搬到家门口的禾场，在那里过夜；小孩喜欢凑堆儿，会睡到其中一家预制板做的房顶上。我们不少都是带着镰刀去睡觉，早上醒来趁着凉快就直接到田里去割一阵稻子，然后回家吃早饭。不管小孩还是大人，割稻子难免会被镰刀划到手或腿，特别是小孩，如果受伤了，大人就会开玩笑说今天“吃鸡”了，意思就是让镰刀开荤了。据说现在有一款同名游戏就叫“吃鸡”。稻子割完在田里晒上两天就该收了，这是最苦的活，要把稻子和秸秆一起挑回家，因为除了稻子是人的粮食外，稻秆也是牛的粮食，牛吃不完还可以做柴火，总之是不会丢在地里一把火烧了的。一亩地就600～800个小捆，我十五六岁时也就挑40捆，大概60斤，到最远的地里一个来回就是1小时，而且中间不能歇，因为一旦把稻子放地上就会有不少谷粒脱落，那可是农民半年的血汗。夏天经常有雷阵雨，如果碰上下雨，就要跟打仗似的把稻子抢着收回来，可以想象当年劳作的辛苦。然后是脱粒，一般是晚上“打夜班”，用脚踩的脱粒机把稻子从稻草上脱下来。最后还要用手摇的风车把空壳筛掉，再次晾晒后才能归仓。收完早稻紧接着就是种晚稻，这中间的时间很短，要抢着干才能不耽误全年的收成，所以叫“双抢”，也就是抢收抢种。

我把水稻种收的过程写得这么细，一是因为那些挑稻子把肩膀磨掉皮的记忆实在太深了，二是对比一下会发现，现在的农业机械化程度已经是我小时候做梦都想不到的样子。生活是最好的老师，我在人生开始的前 17 年，所有的目标都是离开农村；当我读完博士，工作又让我回到农村时，却丝毫没有感觉到与儿时的理想相悖，对农村、农民和庄稼的熟悉感、亲近感竟然从来没有离去。我的很多研究选题，是看完文献后发现哪些地方可以创新才做的，其实那不仅是发表的“套路”需要，更多的是来自生活，更确切地讲就是我曾经亲历的 17 年农业农村生活和现在观察到的差异很大，这些差异驱使我去问为什么。

比如我做种养结合的研究，最初选题的灵感就来自我家当时种着 5 亩地，养了 1 头牛、2 ～ 3 头猪，猪粪、牛粪等最后都要挑到地里去，那是村里每家每户都采取的种养方式；可是我发现现在很少看见这种方式了，所以就驱动我跳出我们那个村子，看看这些年在全国层面发生了什么变化，后来这篇文章发表在 *Nature Sustainability* 上。又如，我参加国家重点研发计划“化肥农药减量增效”研究，就想起小时候父母为了防止开袋没用完的化肥受潮，就像珍藏宝贝一样把化肥放在一个米缸里，我意外“发现”后以为是白糖，抓了一把就往嘴里送。后来，全国人民都在说农业用了太多化肥、农药的时候，我就想难道化肥、农药不是花钱买的吗，农民为什么要多用呢？我就带着这些问题去研究化肥、农药为什么会被过度使用。研究成果有的作为内参得到了高层的批示；有的发表在国内外学术期刊，产生了一定的政策和学术影响。

因为我是农民出身，所以无论是政策研究还是学术研究，我都是采取农民视角，而现实中太多研究是站在“上帝视角”。“三农”研究，如果只看数据，不看人、不下地，得出的结论往往是冰冷的，而“三农”政策需要有温度。我参与过某省重金属污染地区休耕试点政策评估，当时为了让农民不在重度污染的田里种庄稼，一年补贴1000多元，比种粮食的收益还高几百元，但农民还是不愿意。一些人认为农民“贪”，“给你钱让你闲着，还非得偷偷去种”。可是当我坐在田埂上和那些六七十岁的老农民聊天时，他们会说：“我吃了这粮食一辈子，现在六七十岁了，也没啥毛病，你不让我种地，我闲着反倒容易生病，所以我就要找些事干，劳动劳动。”我想起了我的老父亲，他与共和国同龄，种了大半辈子地，搬到县城后始终是闲不住，现在七十多岁了，他还在我哥的店铺旁边支个修鞋摊，基本上只有大年初一才会在我们的挽留下在家坐上一整天，用他的话说就是“坐着难受”。父亲在十三四岁的时候双亲就相继去世，为了不碰触父亲心里可能存在的痛感，我从未问过父亲关于爷爷奶奶早逝的原因，只是从父亲的出生年份来推算，爷爷奶奶去世的年份大致是1962年或1963年，正是粮食最为短缺的时候。所以父亲那一代人传递给我们的珍惜粮食的那种信念让我坚信中国始终是需要一条耕地红线的，粮食少了就会吃不饱、饿死人。

农业绿色发展其实是解决了食物短缺以后人们认识到的问题。一方面，我们过去为了生产更多的粮食，确实使用了很多近乎“竭泽而渔”的手段，亟须转变生产方式；另一方面，“绿色”的目标还是“发展”，是为了能够更可持续地生产更多粮食。所以要特别警惕一些打着“绿色发展”旗号阻碍农业发展的舆论和行为：一是彻底否定过去的生产方式，将化肥、农药甚至整个农业“妖魔化”，这是“忘本”；二是以“绿色”之名，阻碍农业发展，比如有些地方以保护环境之名采取极端的禁种甚至强铲作物的行为。如果不是别有用心，那就是一些地方把“经”念“歪”了。

这本书动笔于2020年初，收官于2022年底，写作过程完完整整地经历了三年疫情。这三年给个人、国家乃至整个世界都带来了巨大的变化，并将影响深远。这场世纪疫情清清楚楚地告诉大家，在极端情况下，农业是为一个国家、地区、家庭托底的“压舱石”，只有一个稳稳的农业，才能保障经济社会稳稳地发展、个人和家庭稳稳的幸福，而绿色是农业的底色。全书结构总体遵循从认识、理论、政策到实践的主线，但每一讲又是一个独立的部分。我将这本书的副标题定为“农业绿色发展18讲”，有几方面原因。第一，过去的几年，我经常受邀为农业农村资源环境保护系统的同行们授课，书中的很多观点都以授课的方式传播出去，同时在课后交流中也受到广大学员的启发，因此这可能是一本讲义。第二，过去10多年来，围绕农业绿色发展，我在国内外学术期刊发表了超过100篇学术论文，但是学术论文有其固有的语言体系，受众也较少，而且往往学术性越强的期刊，能读到的普通读者越少，这就形成了学术圈一种不好的“内循环”，大家互相引用，对实际工作的影响却不大。我目前被引用最高的一篇论文在中国知网（CNKI）上也只有几千次的下载、两百多次的引用，发表在国际刊物上的文章国内读者能读到的就更少。第三，这本书的观点和结论有的是长时期思考但缺乏量化的思想火花，用讲道理的方式写出来；有的是长时间研究、有较多数据支撑的科学研究；有的是针对已有政策的评估、分析，以及对政策完善的建议。各部分之间的体例、篇幅、深度有较大差异，所以我没有分成“章”，而是力求用最平白的语言“讲”出来，以便获得更“广谱”的读者群。

书中部分内容曾以期刊论文或报纸文章的形式发表，发表时不少文章都有合作者，在过去的10多年研究生涯中，他们既是我学术上的同行者，是我工作上的老师、领导、同事和合作伙伴，也是生活上的好朋友，按照在本书中出场的顺序，他们是：李明艳、韩冬梅、张哲晰、刘洋、张斌、杜志雄、冯丹萌、杨小明、马林、牛坤玉、林煜、李颖、胡钰、丁斐、庞洁、谷保静、柏兆海、栾健、杨玉洁等，我指导的学生和实习生唐佳丽、张惠、胡浚哲、于台泽等也参与了一些工作，在此致以谢意。同时，我还要感谢邀请我参加各类培训班授课、研讨会演讲的主办方以及广大的听众，他们让我的思考得以传播并得到反馈，也是我写这本书的一个最直接动因。既然采取“讲”的方式，书中观点难免主观甚至偏颇，敬请大家批评指正！

金书秦

2022 年 12 月

目录
Contents

农业跟人一样，以前营养不良，面黄肌瘦的，排泄也有限；慢慢地吃得多了，一身肥膘，排泄量自然就大了，又有体检的条件，一查血压、血脂、血糖都高。化学农业是把农业从瘦喂胖的过程，绿色发展则是农业由胖到壮的过程。

第一讲
如何认识农业：把农业当人看

农业本身就是一个有机体，其生产的场所、过程和产品都具有生命体的特征。农业跟人体一样，人需要呼吸，农业需要阳光和空气；人需要吃喝，农业需要灌溉和施肥；人会生病，生病了要吃药，农业有病虫害，有病有虫了需要用农药或兽药；人要穿衣服，地冷了要覆膜；人要排泄，农业也有排放，而且都是吃得多排得多。

人有胖瘦，农业也有，太胖、太瘦都不好。1952 年，全国化肥用量是 7.8 万吨，粮食单产是 1.3 吨 / 公顷，几乎看不到污染，属于投入低、产出低、排放低的“三低”农业；2020 年全国化肥用量是 5250 万吨，粮食单产接近 6 吨 / 公顷，属于投入高、产出高、污染高的“三高”农业。就像一个人，以前营养不良，面黄肌瘦的，排泄也有限，而且平时不体检，不知道身体有什么毛病；现在吃得多，一身肥膘，排泄量自然就大了，各种“富贵病”也出来了，又有体检的条件，一查血压、血脂、血糖都高。但是，估计不会有多少人愿意回到过去的生活水平。

我们今天看到很多人批评农业这也污染，那也不安全，其实都是建立在填饱肚子的基础上，“人在饥饿时只有一个烦恼，吃饱以后就会生出无数烦恼”。比如有人指责农业用了太多化肥导致了面源污染。耕地是有限的，并且越来越少，要装满 14 亿人的饭碗，而且饭碗里装的主要是自己的粮食，那是什么概念？ 2020 年水稻、小麦、玉米三大粮食作物的化肥当季吸收率是 40.2%，这就是我们现在的技术水平，也是我们讨论问题的起点。在这个技术水平上，要产那么多粮食，让大家吃饱了还有力气发牢骚，那就得用相当量的化肥。有人说剩下的 60% 都是浪费，都是污染。这有点像我们小时候听过的三个馒头的故事，傻子吃了一个馒头没饱，又吃一个还是没饱，吃完第三个觉得饱了，然后说："早知道吃第三个馒头会饱，就不吃前两个了。"

这几年无论是国家还是民众，对农业的污染问题都高度重视，有的干部还因为环保问题被问责、被处分。所以我去各地调研跟基层三农系统的同志聊天时，经常听到的一句话是："三农工作，是干最脏最累的活儿，有时候还要背最大最黑的锅。"农业太难了，猪多了说你粪便污染，肉贵了又说你养猪太少，雾霾严重了说是因为你烧了秸秆。俗话说斤粮斤草，产多少粮食，就会产生对应数量的秸秆，猪屁股更是捂不住的。既要吃猪肉，又不想看到猪粪，既要吃粮食，又嫌秸秆碍事，这没有道理。一个人如果光吃不拉，那不正常，农业也一样。有了这个思维，我们就很容易理解农业产生污染的合理性，也就减少了对农业生产无端的误解甚至指责。

经常看到有文章批评农民过度施用化肥污染环境，说农民不理性、环保意识差等，尤其是针对小农户。那咱们是不是先反问一下：难道化肥不用钱买吗？难道污染了环境他们能有什么好处？我一度也在思考这些问题而不得解。2020 年初，受新冠疫情影响，居家办公，一日三餐都在家里吃，有时候明明已经吃饱了，看着就剩那一口，实在不忍心倒掉，为了不浪费硬撑着吃下去，其实对健康也没什么好处，有时候还要为了多吃的那一口去楼下跑两圈。通过这段时间我就想通了，小农户化肥用得多一点其实跟咱们多吃那一口剩饭剩菜是一个道理。家里就那一亩三分地，化肥都是整袋买，包装有固定规格标准，明明不需要一整袋，但剩那十斤八斤，你叫他扔了，或者留到明年用？肯定行不通，到明年还得买新的，所以最后就撒到地里去了，施用农药也差不多是一样的道理。既然我们自己也觉得倒掉那口剩饭可惜，那就不难理解小农户为什么会过度施用化肥、农药了。农民不理性、环保意识差，城里人吃剩饭就好到哪里去了？这是人的共性，对于看得见的“浪费”总是更在乎，甚至是我们传统崇尚节约的美德使然。因此，农业减肥减药不能一味地强调农民有问题，喊一些提高农民环保意识、加强宣传教育之类的口号，政策研究要多关注那些可以改变的变量，更重要的是，我们能不能在农资供给或农事服务上给农民多一些选择。

秸秆禁烧也是个老大难问题。有一年夏天我去南方某地调研，到县里想找一位农业局的干部带个路或者聊两句，对方都很难协调时间。后来一问，人家说了实话：这段时间秸秆禁烧高于一切，干部们都下乡搞秸秆禁烧去了。在村里调研，经常可以看到一些“雷人”的标语，比如：“焚烧秸秆时，就是坐牢日”“上午烧秸秆，下午就拘留”“哪家地里冒烟，公安把你收监”“谁家秸秆谁家管，焚烧拘留加罚款”，还有的更直接：“焚烧秸秆就是犯罪”。我经历过计划生育最严厉的时候，无论是从标语的“杀伤力”，还是动员的工作力量来看，秸秆禁烧工作跟当年的计划生育有点像。但是有一段时间还是经常能看到一些地方因为秸秆焚烧拘留了几十个村民、问责了几十个干部的新闻。我就在想，在这么严厉的措施下，为什么还有人去点那一把火？这个道理我是在一次出差的飞机上想通的。大家都知道飞机降落前半小时会广播告诉大家“飞机要降落了，卫生间将关闭，请大家做好准备”之类的内容，这个时候大家该上厕所就上厕所了，实在没有那么着急的忍个半小时一小时也没啥问题。可是那次航班偏偏降落后在跑道上滑行了半个多小时还在叫大家耐心等待，因为机场忙碌排不上停机位，这时候就有乘客喊肚子疼要上厕所，按正常应该已经出舱门进航站楼了，不让人家上厕所确实也没道理。后面的事情我不花笔墨讲，但这个时候我突然就想通为什么大家要冒着被拘的风险去烧秸秆了，原因跟要上厕所的乘客一样：憋不住！一些地方，特别是东北地区给全国贡献了那么多的粮食，必然会产生相当量的秸秆，可是气温那么低，秸秆不离田如果不采取额外措施的话，秸秆根本腐烂不了，农业耕种都有定时，等不起憋不住，老百姓等禁烧期一过只能一把火点了，要不然就没法播种。所以只要国家还需要粮食，无论多严厉的禁烧都不能根本解决秸秆的问题，为秸秆找出路才是正道。

但是这些年折腾农业的事件屡有发生。例如 2017 年前后，因为“水十条”要求划定禁养区，那时候猪也相对比较多，于是有些地方就盲目地扩大禁养范围，禁养区范围内的养殖无论规模大小一律不准，有的地方甚至喊出建设“无猪区”“无猪市”。2017 年我到南方某沿海省调研，跟当地干部聊起禁养的事，他告诉我：我们这里传统是生猪调出大县，基本年年拿调出大县奖励，去年生猪调出大县的奖励马上要到账了，可是我们现在基本把猪场都拆光了，一个“无猪区”竟然拿了调出大县奖励，我都感到很尴尬。2018 年非洲猪瘟暴发，大量生猪被捕杀，造成猪肉供应严重不足，一时肉价直线上升，到 2019 年又开始想尽办法恢复养猪，给各地压指标，甚至提出“为国养猪”的口号；2021 年下半年猪肉价格开始大幅回跌，我一度担心养猪行业又面临以环保名义被“秋后算账”的风险。①

化学农业是从瘦到胖的过程，绿色发展就是从胖变壮的过程。我们的农业现在确实有点胖了，所以要减肥。但总体上减肥不是回到过去的

① 生猪养殖从“一刀切”到“一哄而上”，作者自 2017 年来持续进行了跟踪，并不断预警。2017 年针对“一刀切”的禁养区划定方式，撰写《当前养殖业出现的两大现象及其影响》，并指出过度禁养可能导致猪肉价格上涨和南猪北养带来的污染转移问题；2019 年针对可能出现的“一哄而上”，撰写了《养猪热中的冷思考》，指出可能为了保短期的供给在新建养殖场的环保要求上“放水”，将来猪肉供给过剩后又来一轮关停。

面黄肌瘦，而是要通过减掉多余的脂肪变得健康、强壮。我们知道减肥的最好途径就是“管住嘴、迈开腿”，也就是适量少吃，或吃替代品，多运动，绝食是自残的减肥方式，不可取。农业绿色发展也一样，农药化肥不是不能用，而是少用，用替代品，在能承受得住的范围内开展轮作休耕；同时，不能走极端，将化学投入品甚至农业本身妖魔化，要有耐心，一口吃不成胖子，农业现在显现出来的诸多环境问题都是长年累月积攒下来的。所以，减肥的路也将比较漫长，马甲线不是一天可以练出来的。

如何实现农业从胖变壮？首先就是要适度少吃，减少化学品的摄入量，增加有机质的摄入。因此要用有机肥替代化肥，用绿色防控替代化学防控。其次是废弃物合理处理处置，例如化肥农药包装、废旧地膜等，也就是相当于将穿旧的衣服回收再利用或无害化处置了。再次是副产物资源化利用，将排出来的副产物妥善利用。用好农业的副产物（如秸秆、畜禽粪便等）有双重效果，一方面可以替代一部分化学投入；另一方面可以避免由于不当处置造成的污染。最后，人累了要休息，土地也一样。在不影响粮食安全的前提下，针对一些环境问题突出的区域，可以有条件地开展休耕，例如局部地区耕地重金属超标，采取休耕或种植非食用作物等。

我们必须承认一个事实，这也是中国农业的巨大贡献：越来越少的农民用有限的土地和资源养活了越来越多的人。客观上来讲，在吃饭这个基本问题上，农民完全可以自给自足，因此，需要粮食安全的不是农民，而是城里人。每一个城里人，在谈论农业以及农业污染问题的时候都应该认识到这一点，并且对农民保障了国家粮食安全的贡献心怀感激。

第二讲
农业为什么胖了、污染了

中国的传统农业讲究种养循环，是一种非常绿色的生产模式。美国土壤学家富兰克·金在100多年前将中国农业的长期繁荣归结为“农民的勤劳、智慧和对土地的节约精神，尤其是将人畜粪便以及其他废弃物还田”。1962年蕾切尔·卡森（Rachel Carson）出版的《寂静的春天》描绘了农药大量使用导致的生态灾难唤醒了民众对农业生态环境问题的意识。中国农业的环境问题与中国农业现代化进程相伴相生。2010年，第一次污染普查公报结果显示，主要水污染物（氨氮、总氮、总磷、化学需氧量）中，农业源占了总排放的半壁江山，自此，农业的环境污染问题倍受社会舆论的关注。我国农业的绿色转型有其历史背景和现实约束，只有深刻理解中国农业何以养活了14亿人口，才能理性认识农业带来的污染问题，并进而找到农业绿色转型的切入点。

一、中国农业何以养活14亿人

新中国成立70多年以来，特别是改革开放以来，中国农业取得了巨大的成就，发挥了压舱石、稳定器的作用，为中国近几十年来经济社会稳定、快速发展提供了最基础的物质保障。总体来说可以归纳为：越来越少的农民、数量有限的耕地，通过大量的物资投入，产出了越来越多的农产品，养活了越来越多的人，同时也带来了一定的生态退化和环境污染问题。

吃饭的人越来越多、吃得越来越好，而务农的人越来越少。农业的所有生产行为直接服务于人的基本需求，人口增长是农业生产扩张的最直接动因。新中国成立以来，总人口从 1949 年的 54167 万人增加到 2020 年的 141178 万人，增长约 1.6 倍。在高速的工业化进程中，我国城镇化率由 10% 上升到 70%，农村人口从 1995 年的最高值 85947 万人逐渐下降到 2020 年的 50979 万人，每个农民养活人口从 1949 年的 1.1 人上升至 2020 年的 2.8 人（见图 2-1）。在静态环境下，人口的倍数增长，将带来对农产品的等倍需求；但在动态环境下，经济发展水平提高，人们的需求也将升级，例如过去人们主要是对主粮的需求，后来对肉蛋奶的需求越来越多，以卡路里计的农产品需求的增长将远高于人口的增长水平。1978 年中国居民平均每人每天摄入热量为 2080 千卡、蛋白质 51.44 克、脂肪 28.27 克；2013 年分别为 4307 千卡、105.93 克、120.55 克[①]，均是超倍数增长。快速增长的人口极大地增加了食物需求，进而对中国农业发展产生了巨大压力。

有限的自然资源产出越来越多的农产品。由于耕地面积扩张受到中国多山的地理环境限制和粮食市场价格偏低的影响，中国粮食作物播种面积没有出现显著的变化，从 1949 年的 1 亿公顷增长到 2020 年的 1.3 亿公顷。尤其随着城镇化的快速推进，近 10 年间耕地面积每年以 75.33 万公顷的速度减少，播种面积的增加更多是依靠复种指数的提高，而不是耕地面积的增加，这使得耕地一直是“负重前行”。但是，中国农业仍然取得了巨大成功。粮食产量从 1949 年的 11318 万吨增长至 2020 年的 66949 万吨（见图 2-2a），人均粮食占有量从 1949 年的 208.95 千克上升

① 数据来源，FAOSTAT，http://www. fao. org/faostat/zh/#data/FBSH/visualize，2014 年后统计口径有调整，因此用同口径的 2013 年作比较。

到2020年的474.22千克，肉类产量从1980年的1205万吨快速增长到2020年的7748万吨（见图2-2b），禽蛋产量从1982年的281万吨增长到2020年的3468万吨（见图2-2c），牛奶产量从1980年的114万吨增长到2020年的3440万吨（见图2-2d），肉蛋奶人均产量稳步提升，有效地保障了中国的食物供给。新中国成立以来粮食单产量详见图2-3。

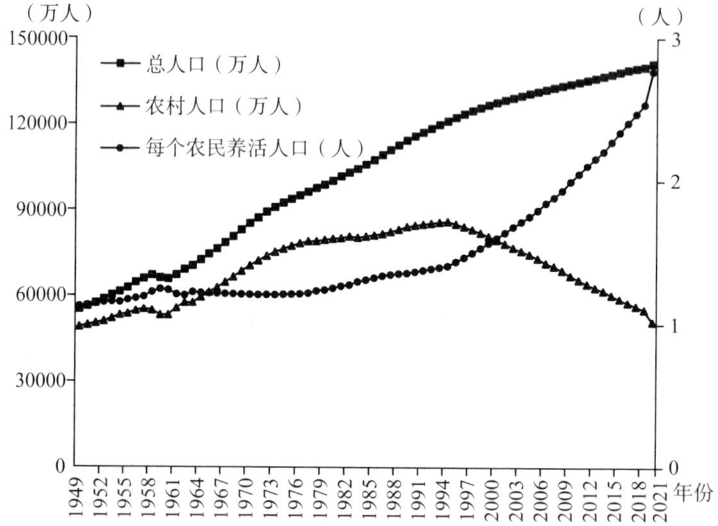

图2-1　1949—2020年中国人口数量变化

数据来源：作者根据相关资料整理、绘制。

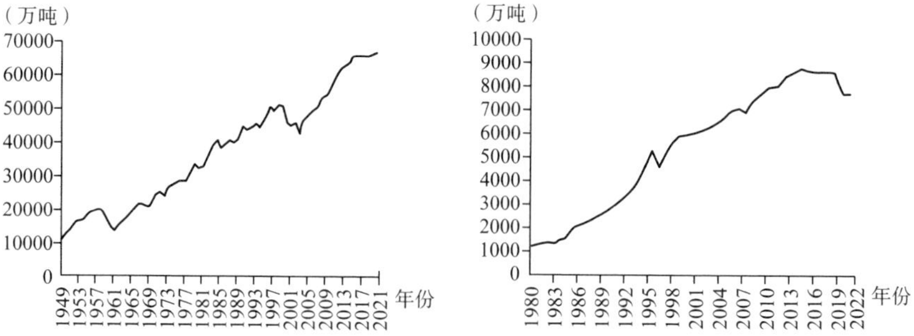

a 粮食产量　　b 肉类产量

图2-2　中国粮食及肉蛋奶产量

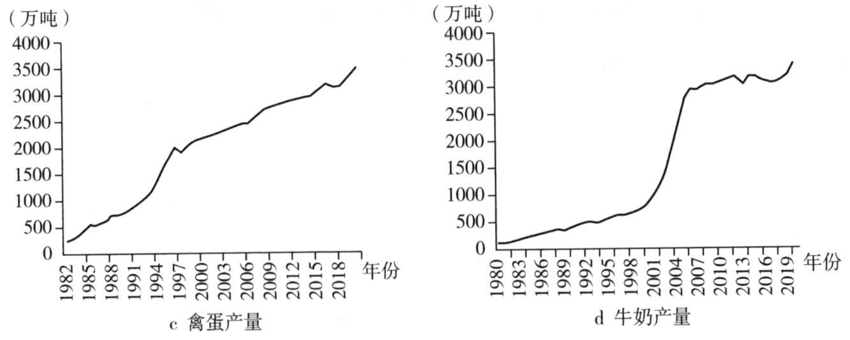

图 2-2　中国粮食及肉蛋奶产量（续）

数据来源：作者根据相关资料整理、绘制。

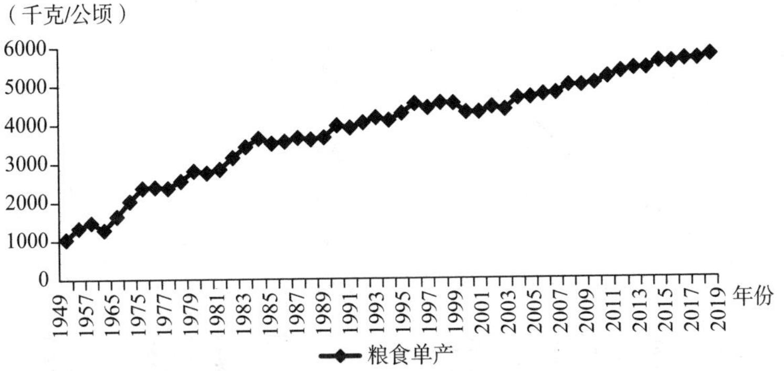

图 2-3　新中国成立以来粮食单产

数据来源：作者根据相关资料整理、绘制。

农业丰产的背后是大量的生产资料投入。要在相同乃至越来越少的耕地上生产数量更多、品类更丰富的农产品，现代化投入发挥了关键作用。品种的改良、化肥、农药、农膜的使用，都是现代农业的重要投入品。农用化肥施用量从 1952 年的 7.8 万吨增长到 2020 年的 5250 万吨（最高为 2015 年的 6022 万吨）（见图 2-4a），约占全球总量的 35%；农药使用量从 1990 年的 73.3 万吨增长到 2019 年的 145.6 万吨（最高为 2013 年的 180.7 万吨）（见图 2-4b）；农膜使用量从 1990 年的 48.2 万吨增长到 2019

年的 240.8 万吨（见图 2-4c）；农业机械总动力从 1952 年的 18.4 万千瓦增长到 2020 年的 105622.2 万千瓦（见图 2-4d）。

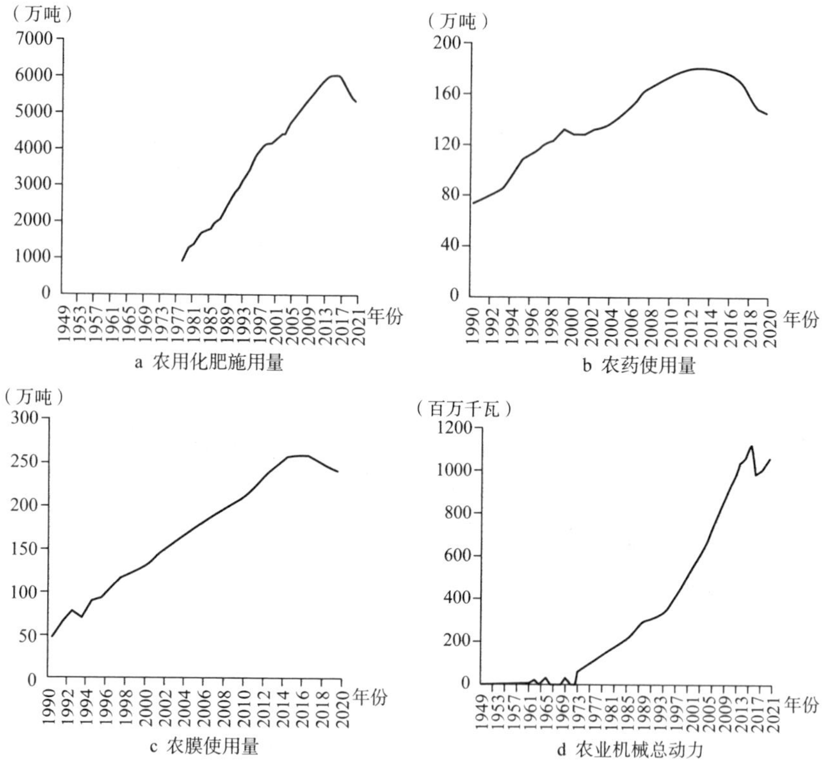

图 2-4　中国农业主要投入品数量

数据来源：作者根据相关资料整理、绘制。

高投入、高产出的后果是高排放。农业系统是一个生命系统，大量的化学投入和产生的大量农业废弃物在一定程度上不可避免地带来了严重农业污染和土壤退化的问题。巨量的化学投入和并不高的利用效率，加上养殖业每年产生近 40 亿吨的畜禽粪污、种植业每年产生超过 10 亿吨的农作物秸秆，其中未被有效利用的部分都将成为致污因子。《第二次全国污染源普查公报》显示，2017 年农业源主要水污染物化学需氧量、总氮、总磷排放量分别达到 1067.13 万吨、141.49 万吨、21.20 万吨，分别占全国排放总量的 49.8%、46.5%、67.2%，占据了水污染排放源的“半壁江山”。地膜残留和重金属污染严重，截至 2017 年，地膜多年累积残留量达到 118.48 万吨，近年来全国农膜回收率稳定在 80% 左右，部分地区农膜污染形势严峻。《全国土壤污染状况调查公报》显示，2014 年全国耕地土壤点位超标率为 19.4%，其中重金属是主要的污染物。由于土壤污染和不合理使用方式，2019 年中国优等地（指质量等级为一等至三等的耕地）面积为 6.32 亿亩，仅占耕地总面积的 31.24%，耕地退化形势严峻。

综上所述，对中国农业的评价应从两个方面来看：一方面，农业是立国之本，对经济社会健康平稳发展起到无可替代的压舱石和战略后院作用，其贡献是巨大的，无论发展到什么程度，其基础地位都不会改变；另一方面，农业在养活越来越多人口、满足越来越高营养需求的过程中产生了一系列环境污染问题，并威胁其自身发展的可持续性，必须正视。

二、为什么会出现农业污染

以上是从宏观的角度，描绘了“驱动力（人口多）—压力（需求大）—状态（投入大、产出高）—影响（污染高）—响应（绿色发展）”这一逻辑。中国农业总体还是小农经营，农户是生产经营的决策者和实践者。那么，从微观层面如何解释农业污染问题？种养分离是一个视角。

中国的农业得以延续几千年，且养育的人口不断变大，在很大程度上得益于传统以小农户为单元的种养循环模式。在化肥被大量使用之前，农家肥是农作物最为主要的养分来源。传统的农户家庭主要饲养两类畜禽。一类是提供畜力的役畜，通常是牛，部分地区也有马、驴、骡等，主要用于犁地，有时也作为短途驮运的工具。役畜体形较大，秸秆是其主要饲料，过腹后与粪便一起还田，成为重要的肥料来源。另一类是农户家中主要用剩饭剩菜、米糠等喂养的生猪、鸡鸭等家畜和家禽，过去是家庭现金收入的重要来源。这些畜禽共同提供肥料来源，在自给自足的小农经营时代，几乎在家庭内部形成一个完整的种养结合闭环。但是随着现代技术的扩散，农业生产经营也越来越向专业化、规模化发展，过去一家一户的种养结合链条断裂了，当种养分离发生后，传统家庭层面的闭环就被打开。对于种植者而言，机械代替了役畜、化肥代替了农家肥，秸秆和过量施用的化肥就成了如今的污染源；对于养殖者而言，畜禽粪便也成为其“非合意”产出，偷排或以最简单的方式排放掉成为其经济的选择（见图 2-5）。

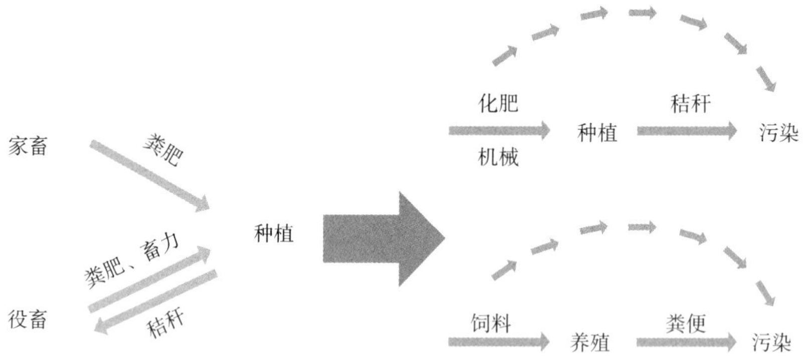

图 2-5　从种养结合到种养分离

数据来源：作者根据相关资料整理、绘制。

全国农村固定观察点数据显示[①]，既种又养的农户从 1986 年的 71.24% 下降到 2017 年的 12.15%。表 2-1 展示了 1986—2017 年间四类农户的变化趋势，并揭示了几个较为明显的趋势：一是农户非农化的趋势，退出种养的农户占比从 1986 年的 2.95% 上升到 2017 年的 30.64%；二是

① 全国农村固定观察点于 1986 年正式运行至今，具体管理办公室设在农业农村部农村经济研究中心。该体系是对固定不变的村和农户进行长期性的跟踪调查，包括了 2 万多个农户、300 多个行政村，分布在全国除香港、澳门、台湾以外的 31 个省（区、市）。调查内容包括了农户家庭基本人口特征、收入支出以及生产经营等方面的详细情况。

专业化趋势，尤其是种植业，单纯从事种植业的农户从 1986 年的 25.60% 上升到 2017 年的 56.63%；三是种养分离的趋势，既种又养的农户从 1986 年的 71.24% 下降到 2017 年的 12.15%。

表 2-1　农户种养结构变化（%）

年份	退出种养户	纯种植户	纯养殖户	种养结合户	样本总户数(户)
1986	2.95	25.60	0.21	71.24	27505
1990	3.70	25.42	0.22	70.66	24158
1995	6.24	28.51	1.17	64.08	20397
2000	9.13	34.10	0.88	55.89	20662
2005	13.91	42.02	0.83	43.24	21043
2010	20.95	50.76	1.00	27.29	21275
2015	28.93	54.75	0.57	15.75	21263
2017	30.64	56.63	0.57	12.15	20010

数据来源：全国农村固定观察点。

种养模式对化肥施用具有一定的影响。表 2-2 反映了 1995 年以来纯种植户和种养结合户化肥的投入情况。尽管固定观察点调查的农户施肥数据为实物量，但无论是总的化肥投入强度还是单类化肥（尿素）投入强度，在 2015 年达到最高点，之后开始下降，这与国家统计的折纯数据高度一致，也进一步在微观层面反映了自 2015 年实施化肥零增长行动以来的减肥成效。

表 2-2　纯种植户与种养结合户的化肥投入强度比较（千克 / 亩）

年份	纯种植户	种养结合户	替代率	分组均值的 T 检验值（显著性）
1995	123.5	104.7	15.2	11.6740（显著）
2000	119.9	105.1	12.3	9.1260（显著）
2005	113.6	112.7	0.8	0.5591（不显著）
2010	123.1	113.8	7.6	4.6447（显著）
2015	132.5	111.9	15.5	7.9975（显著）
2017	128.4	112	12.8	5.2131（显著）

注：1995 年之前化肥的数据不全，下同。

数据来源：全国农村固定观察点。

考虑到畜禽粪便对氮肥的替代性较强，进一步分析在尿素使用方面的差异（见表 2-3）。总体上，种养结合户的尿素投入强度均低于纯种植户，体现了较好的替代作用；但是替代效果呈下降趋势，从 1995 年的 17.54% 下降到 2017 年的 2.99%，且到 2015 年后，这种差异就不显著。

表 2-3　纯种植户与种养结合户的尿素投入强度比较（千克 / 亩）

年份	纯种植户	种养结合户	替代率（%）	分组均值的 T 检验值（显著性）
1995	26.11	21.53	17.54	10.4494（显著）
2000	29.13	23.72	18.57	11.7354（显著）
2005	35.08	30.92	11.86	7.8018（显著）
2010	41.09	35.79	12.90	7.5532（显著）
2015	42.95	41.71	2.89	1.2000（不显著）
2017	39.74	38.55	2.99	0.9666（不显著）

数据来源：全国农村固定观察点。

从种养结合到种养分离，其现实背景是经济社会的高速发展将过去的庭院经济闭环打破。基于前文的逻辑，本章尝试从种养结合关键环节一些功能的逐步被取代对这种演化趋势做出解释。下文不做深入的机理性分析，尝试从宏观和微观层面进行探索性分析。

第一，机械替代了役畜提供畜力的功能。农业科技进步极大提高了农业生产率，2018 年农业科技进步贡献率达到 58.3%，主要农作物耕种收综合机械化水平超过 67%。农业机械化大大降低了家庭饲养役畜的必要性，因此家庭保有的役畜数量大幅减少，甚至几乎消失。2017 年与 1978 年相比，我国农业机械总动力 97245.6 万千瓦，增长 8.3 倍；拖拉机保有量 2317 万台，增长 12 倍；联合收割机保有量 190.2 万台，增长 100 倍。综合机械化水平超过 65%，增长 3.3 倍，目前小麦基本实现全程机械化，玉米、水稻的机械化水平超过 75%。与此同时，农户饲养役畜的比重迅速下降（见图 2-6）。1986—1995 年，我国农户中有役畜的农户数量不断上升，农户占比由 1986 年的 30% 上升到了 1995 年的 40%。1995 年之后，有役畜的农户占比开始不断下降，2010 年下降到 14.31%，2017 年下降到 5.49%。

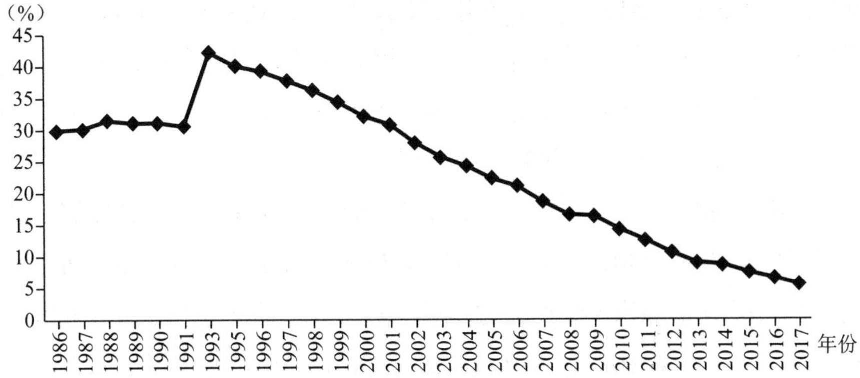

图 2-6　我国 1986—2017 年期间役畜养殖户的数量比重变化情况

数据来源：作者根据相关资料整理、绘制。

第二，外出务工收入替代了饲养家畜、家禽的现金流功能。被解放出来的农村劳动力被吸引至高速推进的城镇化建设中，为家庭贡献了主要的现金来源。2018 年，中国城镇化率达到 59.58%，有超过 2.8 亿农民外出务工，而这一数字在 1996 年仅为 7223 万。2018 年全国农村居民人均可支配收入 14617 元中，其中最多的是工资性收入，占总收入的 41%，对总收入增长的贡献为 42%。而反过来，由于主要劳动力都有进城务工的机会，将劳动力投入到小规模的动物饲养、施用粪肥就成为不经济的选择。

第三，随着城镇化的不断推进，大量农村剩余劳动力的外出引起了务农行为主要向两个方向分化。一是留守的老人、儿童和妇女经营自家的耕地规模越来越小，主要用于自身消费需要，家畜（尤其是牛、猪等大型家畜）的饲养量急剧下降。2017 年中国乡村人口为 57661 万人，比上年减少 1312 万人，其中 0 ～ 14 岁人口比重为 19.39%，60 岁及以上人口比重为 19.92%（中华人民共和国农业农村部，2018）。二是少量青壮年劳动力选择务农，通过土地流转扩大了种植规模，或在家专职从事较大规模的养殖工作，成为专业的种植户或养殖户。而农村劳动力价格的持续上升（杨进、钟甫宁等，2016），使得这两类经营主体都不愿意雇工或投工至繁重的粪肥施用中。分化的结果就是：对于种植者而言，机械代替了役畜、化肥代替了农家肥，秸秆和过量施用的化肥就成为如今的污染源；对于养殖者而言，畜禽粪便也成为其“非合意”产出，偷排或以最简单的方式排放掉成为其经济的选择。

中国目前仍然有2亿多农户，小农户的大量存在是中国农业的一个长期特征。有理由相信，如果一个农户既种植又养殖，在家庭层面实现种养结合是外部性内部化的理想单元。在当前以绿色发展引领乡村振兴的背景下，小农户在促进农业环境保护方面的积极作用不应该被忽视。这就为当前的一些政策提供了反思的视角。几乎所有的特殊激励政策都是针对规模户、家庭农场和新型经营主体，例如有机肥替代化肥、大中型沼气工程等项目，但是管制的政策基本都是“一视同仁”，例如秸秆禁烧、一些地方“一刀切”的禁养区划定。也就是说，对于小农户而言，基本上只有约束而没有激励。如果政策继续保持这种排除小农的取向，那么政策所能取得的边际效果将越来越小，而从另一个角度，将更加加剧小农在大市场竞争中融入农业现代化的劣势地位。2019年，中共中央办公厅、国务院办公厅印发《关于促进小农户和现代农业发展有机衔接的意见》指出，要鼓励各地对小农户参与生态保护实行补偿，支持小农户参与耕地草原森林河流湖泊休养生息等，对发展绿色生态循环农业、保护农业资源环境的小农户给予合理补偿。下一步，要探索更多有利于农户在家庭内部、农户之间的种养结合和其他环境友好行为的激励政策。

参考文献

[1] 杨进，钟甫宁，陈志钢，等．农村劳动力价格、人口结构变化对粮食种植结构的影响［J］. 管理世界，2016（1）：78-87.

[2] Shuqin Jin, Bin Zhang, Bi Wu, Dongmei Han, Yu Hu, Xun Wei, Chuanzhen Zhang, Yan Wu, Arthur P. J. Mol, Stefan Reis, Baojing Gu, Jie Chen. Decoupling livestock and crop production at the household level in China. Nature Sustainability 2020, (4) : 48-55.

未来我们将面对的现实是：越来越少的人为越来越多的人生产食物，并且对食物的要求越来越高，且几乎所有国家都是如此，尤其在新冠疫情的冲击下，各国对农产品的贸易限制可能更多。所以在人均 1 万美元的台阶上，不是讨论农业重不重要，而是要思考如何让农业可持续地生产出更多、优质的农产品，并对农业的正外部性提供足够的激励。

第三讲
站在人均1万美元的台阶上，如何看待中国农业①

2019年中国人均GDP首次超过1万美元，属于中等发达国家中的偏高水平，其中农业GDP占比为7.1%，也就是说在人均1万多美元中，农业的贡献是710美元。同时，全国一般公共预算支出中农林水支出为22420亿元，占农业GDP的31.8%。农业还重要吗？对于世界上第一人口大国来说，答案永远是肯定的。但是，在经济总量全球第二、人均GDP超过1万美元、农业仅占约7%，且财政支农数额庞大的背景下，已经不能简单地回答是或否，更要真正地认识到农业的重要性。未来要从国家安全的角度看待农业发展，支持的力度要继续加大，支持的方向重点是绿色生态导向，促进农业的绿色、高质量发展。

一、农业与经济增长之间的关系：一个理论回顾

农业与经济增长的关系一直有两类相左的观点：一类观点以舒尔茨

① 金书秦、李明艳："站在人均1万美元的台阶上，如何看待中国农业？"，《中国发展观察》2020年第15-16期合刊，第76-79页。

为代表，在《改造传统农业》一书中他强调农业本身可以成为经济增长的源泉，农业并不存在要素配置效率低下、劳动力过剩的桎梏，让农民学会使用现代生产要素，对农业和农民进行投资，特别是教育投资可以使农业成为经济增长的动力之源。另一类观点以刘易斯为代表，他将农业部门生产率的落后作为其二元结构理论的前提，他强调发展中国家的农业部门存在大量边际生产率为零的剩余劳动力，剩余劳动力从农业中转移出去不会影响农业生产，但不进行劳动力的转移，土地和人口的矛盾导致农业生产效率难以提高。由于农业生产效率的低下，人们很难产生生产剩余，用于储蓄、投资，以及开展教育研发等活动。如果推动农村劳动力向工业转移，可以让农民在工业中创造更高的产出、获得更高的收入，伴随着工业资本的积累和扩张，整个国家的发展水平才可以得到提高。因此，按照刘易斯的理论，发展中国家经济发展的源泉在于产业结构转型，本质上要减少农业部门就业，促进工业的发展（林毅夫，1988）。有意思的是，舒尔茨和刘易斯在1979年共同获得了诺贝尔经济学奖。现实中，以上两种观点都能找到对应的例证。

在舒尔茨和刘易斯之前，1937年梁漱溟在《乡村建设理论》中提出，经济建设要“从农业引发工业，更从工业推进农业；农业工业垒为推进，农业乃日进无疆”。20世纪40年代，张培刚就系统地讨论了农业在工业化发展中的作用，他指出农业可以为工业化提供食粮、原料、劳动力、市场、资金是工业化和国民经济发展的基础和必要条件（张培刚，2014）[①]。同时，张培刚认为工业化“不仅包括工业本身的机械化和现代化，而且也包括农业的机械化和现代化”，是生产要素组合方式的革新，在这个意义上等同于生产效率的提高，简言之，经济发展。这意味着，工业

① 在1961年，美国经济学家西蒙•库兹涅茨在《经济增长与农业的贡献》一书亦提出类似观点，将上述贡献概括为产品贡献（包括粮食和原料）、市场贡献、要素贡献（包括剩余资本和剩余劳动力），以及国内农业通过出口农产品而获取收入的贡献。

化本身就包括农业自身的工业化（发展）。农业和工业化之间是一种复杂的、动态的关系。

随着城市水平的高度发展，以及发达国家进入后工业化时代，有学者又提出后现代农业或者说多功能农业等概念，这就超越舒尔茨从生产角度讨论的传统农业和现代农业，转向农业的生态、环境、文化等非生产功能（Wilson，2007；陈秧分，王国刚，孙炜琳，2018；罗必良，2020）。

二、农业多功能性的转换

农业的多功能性可以总结为经济功能、社会功能和生态环境功能。各项功能间相互融合、相互制约也相互促进。其中经济功能是农业产业兴旺发达的基础和内在动力，必须让农业生产有显著的经济收益。只有农民富裕才有利于创建文明社会，实现社会稳定和国家长治久安。经济功能是否实现，会影响其他功能的发挥。社会功能是经济功能的保障和反映，必须要将农业和粮食安全作为国家的头等大事，农业的基础地位不能动摇。社会功能是农业内涵和本质的独特体现，是乡村全面发展的个性化体现，也是农业农村的魅力所在，是推动乡村可持续发展的根本动力。生态环境功能是农业可持续发展的重要支撑，是其他功能得以实现的基础条件。

不同的时代背景下，这几项功能的地位和特征有所变化。其演变过程大致可分为三个阶段。第一阶段，农业的经济功能为主，社会功能和生态环境功能不突出；第二阶段，经济功能开始逐渐弱化，社会功能和生态环境功能开始加强；第三阶段，经济功能在整个经济系统中的地位微乎其微，而其社会功能和生态环境功能逐渐凸显，其中生态环境功能转而成为农业的核心功能（见图 3-1）。

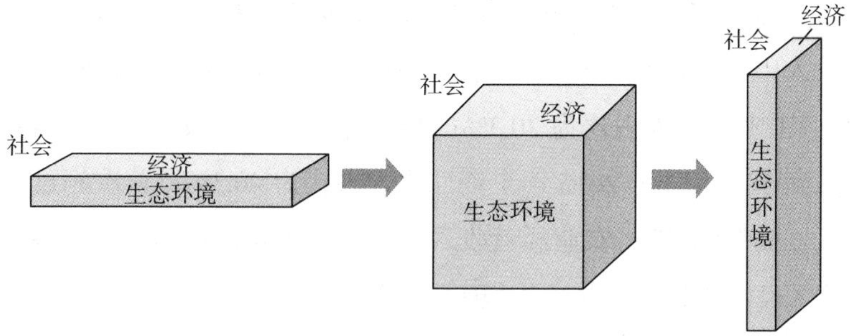

图 3-1　农业多功能性的演变

数据来源：作者根据相关资料整理、绘制。

三、农业经济功能的相对下降是一般趋势

实际上，舒尔茨和刘易斯的分歧不在于“剩余”的农业劳动力是否应该向工业和服务业转移，而在于为什么会发生转移，以及农业在国民经济中的作用是否以及在多大程度上重要。一方面，农业自身由于引入机械、改良的品种、现代投入品而导致的生产效率提高，将大大释放农村劳动力；另一方面，从经济效率来看，工业、服务业的生产效率高于农业，对农村“剩余”劳动力产生巨大的虹吸效应。劳动力从农业向工业、服务业转移几乎是经济发展的基本规律，随之而来的农业经济功能相对下降将在宏观和微观层面都得到反映。

在国家层面，农业 GDP 占比越来越低。1952 年中国 GDP 总量为 679.1 亿元，第一产业占比为 50.5%；1978 年中国 GDP 总量为 3678.7 亿元，第一产业占比为 27.7%；2019 年中国 GDP 总量为 990865 亿元，第一产业占比下降到 7.1%（见图 3-2）。仅从经济结构来看，农业已从“半壁江山”变为“绝对少数”。

在农户家庭层面，农业经营收入占农村居民可支配收入的比例越来越小。1949 年农村居民人均可支配收入为 44 元，2018 年增加到 14617

元，名义增长331.2倍，扣除物价因素实际增长40倍。如图3-3所示，农民收入中，农业经营收入占比越来越低，1990年农业经营收入占比为75.7%，工资性收入占比为20.3%；2009年农业经营收入占比为49.0%，首次降到50%以下；2015年工资性收入占比为40.3%，首次超过农业经营收入。到2018年，农业经营收入仅占农民人均纯收入的36.7%，外出务工收入已经成为农民收入的最主要来源。

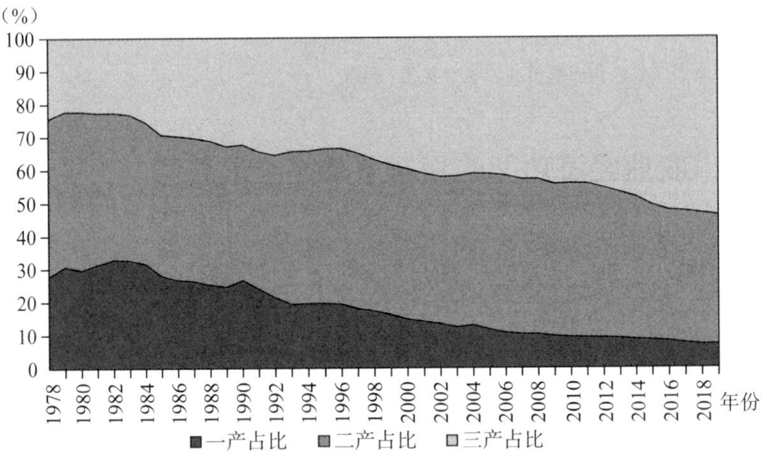

图3-2　1978—2019年全国经济结构

数据来源：国家统计局官网。

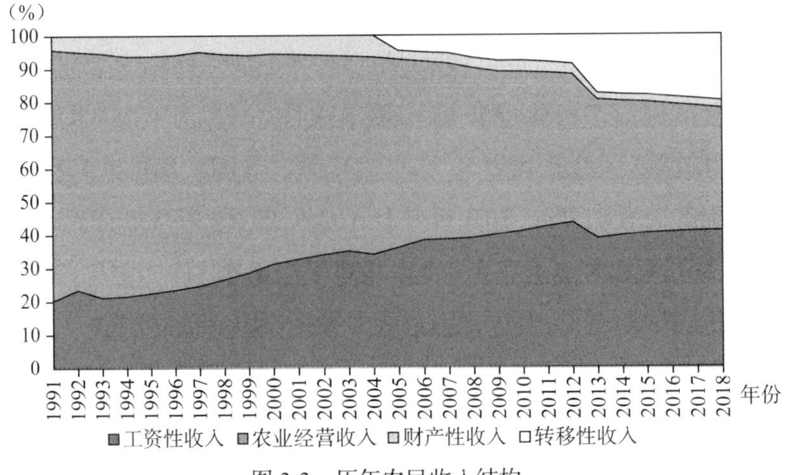

图3-3　历年农民收入结构

数据来源：历年《国家统计年鉴》。

此外，城乡收入差距巨大，城市对农村劳动力仍然具有强烈的吸引力。2019 年城市居民和农村居民人均纯收入比为 2.64（见图 3-4）。与之对应的是城镇化率的不断提高，1952 年中国城镇化率仅为 12.46%，到 2019 年中国城镇化率上升到 60.6%，未来还有更多农村人口进入城市。

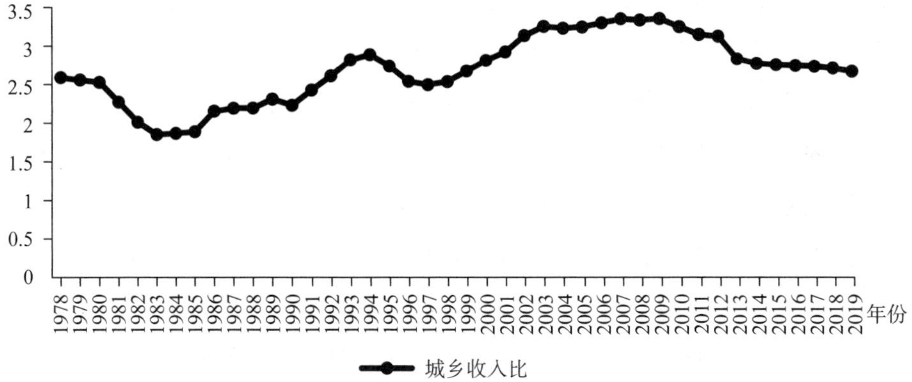

图 3-4　历年城乡收入差异

数据来源：根据《国家统计年鉴》计算所得。

综上所述，无论是从对国民经济的贡献，还是对农户家庭的收入贡献来讲，农业的经济功能都在弱化，并且从城镇化发展趋势和国际经验来看，还存在进一步弱化的空间。例如，农业最发达的美国和荷兰均是在 1978 年人均 GDP 超过 1 万美元，当年其农业 GDP 占比分别为 1.33% 和 3.53%，到 2018 年进一步下降到 0.9% 和 1.63%；又如我们的近邻日本和韩国人均 GDP 分别在 1981 年和 1994 年超过 1 万美元，其时农业 GDP 占比分别为 1.94% 和 5.66%，到 2017 年分别下降至 1.19% 和 1.96%[①]。

四、农业经济功能相对下降的背后是生产能力的极大提高

实际上，农业 GDP 总量和农民收入绝对数都在增加，其经济地位是

① 数据来源：世界银行，World Bank Indicators；OECD，Agricultural support。

随着整体经济的上升而呈现出相对下降的趋势，农业 GDP 占比从 50% 到 7% 的背后是农业生产能力的大大提高，农产品供给保障能力不断增强，这也是未来农业向绿色转型的基础。

农业的良性发展是支撑人口增长的基础条件，1949 年全国人口为 5.4 亿人，2019 年全国人口为 14 亿人。在静态环境下，人口的倍数增长，将对农产品需求带来等倍需求；但在动态环境下，经济发展水平越高，人们的需求也将升级，例如过去人们主要是对主粮的需求，后来对肉蛋奶的需求越来越多，以卡路里计的农产品需求的增长将远高于人口的增长水平。1978 年中国居民平均每人每天摄入热量为 2080 千卡、蛋白质 51.44 克、脂肪 28.27 克；2013 年分别为 4307 千卡、105.93 克、120.55 克，均是超倍数增长。1949 年全国粮食生产总量是 11318.4 万吨，2019 年是 66384 万吨（见图 3-5）；肉蛋奶产量分别是 7649 万吨、3309 万吨、3201 万吨，分别是 1982 年的 5.7 倍、11.8 倍和 19.8 倍。同样，人们对纺织品的需求不仅满足于保暖，而且越来越趋向于时尚和多样化。

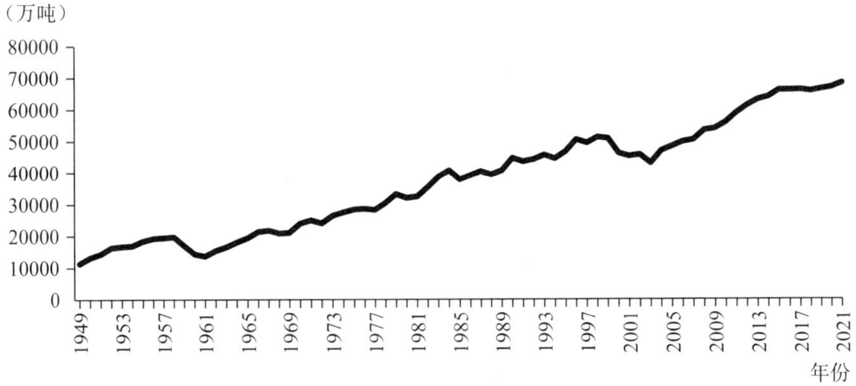

图 3-5　新中国成立以来粮食总产量

数据来源：历年《国家统计年鉴》。

此外，农业 GDP 占比较低还有技术上的原因，计入第一产业统计的主要是初级产品价值，农产品加工、农业服务业没有统计在农业部门。

五、农业的多功能性将愈发突出

随着农业经济功能的相对下降，农业的其他功能将日益凸显。一是维护国家粮食安全的基础性社会功能。对于世界第一人口大国来讲，农业作为保障十几亿人吃饭穿衣的基础性地位长期不会动摇，并且随着其经济比重的下降，这种基础地位将越来越被视作一种公共物品而得到政府、公众的强调和重视。二是农业所传承的文化功能。中国是农业文明古国，农业承载了许多传统文化元素，中国有 15 项重要农业生态系统被联合国粮农组织列为全球重要农业文化遗产①，在我国的广袤乡村，还散落着各种传承已久的习俗、知识，乃至制度，这些可能是“乡愁”的最重要来源。三是休闲娱乐功能。乡村已经成为满足人们对美好生活向往的重要载体，成为休闲旅游的目的地，2019 年，全国休闲农业和乡村旅游接待人次超 33 亿。四是生态环境功能，全国绝大部分国土、流域、森林、草地等都在农村地区，农村天然地就是生物多样性的集中地，也是国家的生态屏障。生态环境功能是其他所有功能的基础，良好的生态环境是保障粮食持续产出能力、保持农业文化遗产活化、吸引游客来访的根本。

可以说，农业既是人类赖以生存、生产的所有基础能量的来源，也正在成为集文化、休闲、康养于一体的综合体。然而，农业作用这么大，产值却那么低，价值和价格之间的鸿沟就是农业的正外部性，有的已经

---

① 包括：浙江青田稻鱼共生系统、江西万年稻作文化系统、云南红河哈尼稻作梯田系统、贵州从江侗乡稻鱼鸭复合系统、云南普洱古茶园与茶文化系统、内蒙古敖汉旱作农业系统、浙江绍兴会稽山古香榧群、河北宣化传统葡萄园、福建福州茉莉花种植与茶文化系统、江苏兴化垛田传统农业系统、陕西佳县古枣园、甘肃迭部扎尕那农林牧复合系统、浙江湖州桑基鱼塘系统、中国南方山地稻作梯田系统、山东夏津黄河故道古桑树群。

逐步转化为市场收益，例如 2019 年全国休闲农业和乡村旅游收入超过 8500 亿元，但大量仍未通过市场反映出来。

六、后 1 万美元时代农业发展面临的挑战

新中国成立后，农业发展经历一个从注重量的增长到注重质的提高的演进过程，从单纯提高产量到提高品质，再到强调农业可持续发展、实施乡村振兴战略。进入新世纪以来，我国农业发展方向和目标逐渐系统化和全面化，农业农村的发展问题也不再仅仅是单一领域的问题，而是涉及多个领域、多重目标，逐渐融合、集成为国家现代化发展战略的一部分。实现农业绿色发展不仅成为乡村振兴的主要内容，也是全面推进农业现代化的重要手段。后 1 万美元时代，中国农业发展依然面临三个挑战。

（一）粮食安全挑战仍然存在

既包括量的安全，也包括质的安全。农业是与生态环境最密切的产业，农业本身就是自然系统的一部分，其生产过程大多是在露天环境中完成。这是它的天然属性，因此必然会受到自然灾害的影响。疫情、极端天气、蝗灾、非洲猪瘟以及大国间的贸易紧张因素，也使得农业面临着巨大的挑战。农业灾害具有群发性、不可预期性等特征，加之自然因素与人为因素相互交织，使防灾减灾问题变得极其复杂也极其重要（张林秀，白云丽等，2021）。2020 年上半年全球粮食市场受到疫情、极端天气与自然灾害不利因素的三重叠加影响，加之全球经济下行导致的失业人口增加、收入下降、饥饿人口增加，使得全球粮食市场持续动荡（尹成杰，2021）。虽然各种极端事件集中爆发属于小概率事件，但也暴露了目前全球粮食系统存在的隐患。我国粮食虽然连年丰收，但粮食安全基础尚不够稳固，结构性矛盾仍然存在。加快建设具有独立性、可持续性和强抵御力的粮食安全体系是当前面临的重要问题之一。

（二）农业污染减排压力持续加大

我国从 2016 年开始在全国范围内逐步实现了农药化肥的零增长，农业污染减排成效显著。但目前只是遏制了持续增长的态势，农药化肥前期减量的主要原因还是由于播种面积的减少，投入品利用效率提升对减量的贡献仍然较小（金书秦等，2020）。2021 年中央一号文件明确提出“化肥农药使用量持续减少、农村生态环境明显改善”的任务目标，《国民经济和社会发展第十四个五年规划和 2035 年远景目标纲要》对农业高质量发展和提高农业竞争力提出了更高的要求。在保产量作为首要目标的前提下，一些作物的播种面积继续减少的幅度会受到限制，甚至可能有一定程度的增长。农业生产中化肥、农药的使用具有刚性，因此不确定性也较强。养殖方面近两年来的政策趋向从严格的“禁限养”调整为“平稳发展”，养殖污染压力不可避免也会增加。在“碳达峰”成为硬约束的情况下，今后一段时间内，农业将承担更多减排固碳的责任（金书秦等，2021）。因此总体来看，农业污染持续减排的压力仍然较大。

（三）农业生态价值如何通过市场机制得以实现

农业本身作为生态环境系统的组成部分，其生态资源价值远高于其生产农产品的价值。据王松良等（2021）对福建农业生态系统服务的评估，农民创造的价值每公顷农地达到 18.33 万元，但通过市场体现出来的农产品价值仅占了 5%，即使再加上旅游服务价值，也仅仅实现了约 10%。一个重要的原因就是农业本身蕴含的生态资源价值并没有体现出来。导致的结果：一是长期以来，农业农村被当成工业和城市发展的“污染避难所”，付出了极大的环境资源代价；二是随着人们对农产品中蕴含的绿色、生态和健康因素需求的提升，农业的生态价值日益凸显，但却没有被市场完全认可，导致有效供给不足。长期来看，这既不利于保障粮食安全，也不利于实现农业绿色发展以及农业现代化的目标。

七、后1万美元时代如何看待农业发展

未来我们将面对的现实是：越来越少的人为越来越多的人生产食物，并且对食物的要求越来越高，且几乎所有国家都是如此，尤其在新冠疫情的冲击下，各国对农产品的贸易限制可能更多。所以在人均1万美元的台阶上，不是要讨论农业重不重要，而是要思考如何让农业可持续地生产出更多、优质的农产品，并对农业的正外部性提供足够的激励。

（一）要站在国家安全的高度看待农业发展

粮食安全是国家安全的重要基础，始终是治国理政的头等大事。在重大全球性灾害、地缘政治、贸易保护主义等冲击下，农业的基础性地位尤为重要，如果不能实现充分自给，将成为真正的“卡脖子”问题，“独善其身”比“优胜劣汰”更重要。因此要在超越经济的层面看待粮食和重要农产品供给问题，粮食安全跟国防安全一样，保供给就是保安全，要坚持底线思维，保障口粮的绝对安全，在以我为主的基础上，用好两种资源、两个市场，要加强对国内供给和国际市场的把控。

（二）对农业的支持力度要加强而不是减弱

要清醒地认识到，城市、国家、全社会比农民更需要农业。因为从事农业生产的人将越来越少，农民收入对农业的依赖越来越低，而全社会的农产品需求却是越来越大，农业的公共性功能愈发凸显。面对“谁来养活中国人”的质疑，答案永远是中国人养活中国人，进口解决不了根本问题。对待粮食等重要农产品，要树立“宁可多点，不可不够”的观念，还要以“产品—服务—功能”三位一体的眼光来重新衡量农业的价值。因此对农业的支持力度不能减弱，而是要加强。2019年全国一般公共预算支出中农林水支出为22420亿元，占农业GDP的31.8%，与发达国家相比并不高，2017年美国的农业支持资金占其农业GDP的45.1%，欧盟为37.3%，日本为79.5%，韩国为79.6%。

（三）农业的支持保护要转向更加绿色、生态

经济发展水平较低的时候，人们往往通过攫取环境红利去换取经济增长；经济发展水平提高后，就应该还生态欠账。习近平总书记指出："保障粮食安全，要加快转变农业发展方式，推进农业现代化，既要实现眼前的粮食产量稳定，又要形成新的竞争力，注重可持续性，增强政策精准性。"① 当前，我国农业已经达到较高的生产水平，保护农业生态环境就是发展农业生产力，保护耕地就是最有效的囤粮手段，保护山、水、林、田、湖、草就是积攒鱼、虾、蟹、肉、蛋、奶。因此，未来农业支持保护资金和技术要更多投入土壤改良、节水节肥节药、秸秆粪便等副产物利用等领域。

（四）农业要走绿色高质量发展之路

未来的农业一定是绿色的现代化农业。在推进农业绿色发展的过程中，将产生三个方面红利：一是由化肥、农药、农膜等化学投入品减量和作物秸秆、畜禽粪便资源化利用带来的减排红利；二是产品质量提升带来的产品红利；三是产地环境改善带来的生态红利。要在农业领域着力探索外部性内部化机制，通过生态补偿、优质农产品认证和市场监管、农业产业链延伸等手段将以上"红利"变成农业产值和农民收入，实现向绿水青山和金山银山的转换。

参考文献

[1]　陈秧分，王国刚，孙炜琳．乡村振兴战略中的农业地位与农业发展 [J]. 农业经济问题，2018(1)：20-26.

[2]　金书秦，林煜，牛坤玉．以低碳带动农业绿色转型：中国农业碳排放特征及其减排路径 [J]. 改革，2021(5)：29-37.

[3]　金书秦，张惠，唐佳丽．化肥使用量零增长实施进展及"十四五"减量目标和

① 《习近平：真抓实干主动作为形成合力　确保中央重大经济决策落地见效》，《人民日报》2015 年 2 月 11 日第 1 版。

路径 [J]. 南京工业大学学报（社会科学版），2020(3)：66-74+112.
[4] 罗必良．构建“三农”研究的经济学话语体系 [J]. 中国农村经济，2020(7)：2-23.
[5] 林毅夫．西方农业发展基本理论述评 [J]. 农业经济问题，1988(11)：60-64.
[6] 王松良，施生旭，吴仁烨，等．乡村生态学：乡村可持续发展的新学科 [J]. 中国生态农业学报（中英文），2021(12)：2116-2125.
[7] 尹成杰．后疫情时代粮食发展与粮食安全 [J]. 农业经济问题，2021 (1)：4-13.
[8] 张露，罗必良．贸易风险、农产品竞争与国家农业安全观重构 [J]．改革，2020(5)：25-33.
[9] 张林秀，白云丽，孙明星，等．从系统科学视角探讨农业生产绿色转型 [J]. 农业经济问题，2021(10)：42-50.
[10] 张培刚．农业与工业化 [M]. 武汉：华中科技大学出版社，2009.

农业绿色发展有三个关键要素：一是农业经济增长与碳排放和环境退化脱钩；二是绿色投入品、绿色技术、绿色投资和消费带动经济增长；三是绿色与经济增长形成相互强化的良性循环，良好的环境、优质的农产品、休闲旅游收入成为经济增长的来源。

第四讲
什么是农业绿色发展

2017年《关于创新体制机制推进农业绿色发展的意见》出台后，农业绿色发展相关文献层出不穷，在对农业绿色发展内涵的理解或阐释上可以归纳为两类。一类是基于政策文本对农业绿色发展概念和内涵进行解读。农业绿色发展是农业发展方式从过去的高投入、高消耗向资源节约、环境友好型农业转变，其核心要义是统筹协调农业发展的经济效益、社会效益、环境效益和生态效益，即实现资源节约、环境友好、生态保育、质量高效，突出强调农业产地环境、生产过程和农产品均要实现绿色化，也包含制度和体制机制的绿色化。另一类是将农业绿色发展与相近概念对比或关联。有的将其作为实现农业可持续发展的途径，或农业可持续发展的替代；有的将其与具体的农业生产模式（如有机农业、绿色农业等）相关联。这些文献一方面将农业研究的链条向前延伸到产地保护、向后拓展到绿色供给，甚至绿色消费；另一方面突破了过去主要强调技术或微观层面种养模式的重要性，将体制机制创新列为农业绿色发展的核心要素之一。但总体缺陷是过于强调保护而忽视发展，这使得农业绿色发展与农业环境保护界限不清。量化研究较多的是将资源环境纳入投入要素，或将由于化学投入导致的污染作为“非合意”产出，进而计算农业的生产率，由于加入了环境考虑，被称为绿色生产率或绿色全要素生产率。但仍未跳出将“绿色”作为一种消耗性投入，或者“不绿色”作为一种“非合意”产出的思维，未能反映农业绿色发展更加强调“绿色作为发展的动力”这一特征，也缺乏对量化评估标准及方法的指引。

绿色发展归根结底还是一种发展方式。现代社会任何形式的经济发展方式都会声称注重环境保护，但绿色发展更加强调绿色作为发展的一种驱动力，而不是发展中要“兼顾”的问题，这是与传统经济发展方式的根本区别。世界银行和国务院发展研究中心（2013）将绿色发展定义为“一种经济增长与资源消耗、碳排放、环境损害脱钩的发展方式，这种发展方式可以通过创建新的绿色产品市场、技术、投资以及消费和保护行为的变化促进经济增长”。从该定义出发，本文认为农业绿色发展有三个关键要素：一是农业经济增长与碳排放和环境退化脱钩；二是绿色投入品、绿色技术、绿色投资和消费带动经济增长；三是绿色与经济增长形成相互强化的良性循环，良好的环境、优质的农产品、休闲旅游收入成为经济增长的源泉。“绿色”成为“发展”中集目标、手段、动力于一体的核心要素。因此绿色发展本质上是一种发展方式的转变，它强调绿色作为发展的一种驱动力，而不是发展中要“兼顾”的问题，这是与传统经济发展方式的根本区别。以下三个方面实际上也反映了农业绿色发展从低阶向高阶发展的动态演进路径。

首先是去污，即农业生产过程的清洁化。通过使用绿色生产技术和物资，减少化学品投入，节约高效地利用自然资源，资源化利用农业废弃物，最大限度地减少资源消耗，避免农业生产带来的环境污染，实现增产不增污、增产不增碳。其次是提质，实现产地绿色化和产品优质化。污染排放与农业生产持续脱钩，突破量变的拐点后产生质变，水质、土壤、空气等产地环境要素质量明显提高，生态系统得到改善，农产品质量也随之大幅提升，通过完善市场、倡导绿色消费，绿色、优质的农产品在市场中将得到市场溢价。最后是增效，绿色成为驱动发展的内生动力。随着生态环境的持续改善，收入水平的不断提高，农业农村的多功能性逐步凸显，成为满足人们对美好生活向往的重要载体，优质农产品、优美的乡村环境通过完善的产品和服务市场获得溢价，绿色和发展形成良性互动，达到绿色发展的高阶形态，也就是高质量发展。

综上所述，可用图 4-1 展示农业绿色发展不断向高水平跃迁的进阶路线，对于某一个静态时间点而言，也可以代表在该时点上不同区域农业绿色发展所处的阶段。各地在推进农业绿色发展过程中，一定要立足本地实情，抓住主要矛盾稳步推进；同时在相关的考核和评估中也应注意到各地基准水平有差异，避免“一刀切”。

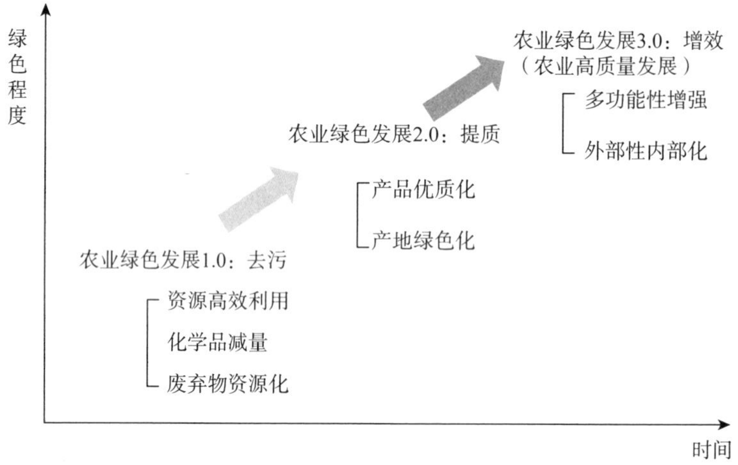

图 4-1　农业绿色发展进阶路线图

数据来源：作者根据相关资料整理、绘制。

一、农业绿色发展 1.0：去污

以减少污染排放为目标，通过控制化学品投入，节约资源，农业废弃物的综合利用等方式，减少农业生产过程中的环境污染和资源消耗。这一阶段的政策实践主要集中在农业生产领域。

传统的农业生产函数虽然包括了资源和环境要素，但是只是作为一种投入，关注的重点在于数量而不是质量，对于自然资源和环境品质下降所导致的减产并未涉及，更不包括环境外部性问题对于产量和品质的影响。在这一阶段，资源和环境要素被纳入生产函数，作为特殊的稀缺型生产要素，其最优投入量不仅要考虑边际开采成本，还需要考虑边际使用成本；环境要素作为农业生产的支持型要素，同时也是约束型要素，其最优投入需要考虑边际外部成本。遵循污染者付费原则，将资源和环境要素的经济价值和机会成本体现到生产成本中，目的是实现资源的可持续利用，并将负的环境外部性内部化。函数表达式可以表示为（1）式：

$$Y_1=f(x_1, x_2, \cdots, x_n)-C(x_E,x_R) \tag{1}$$

在式（1）中，Y 表示农业产量，则 $x_1, x_2, \cdots, x_n$ 为影响产量的投入要素，如土地、水等重要的自然资源，以及劳动和资本等。$f(x_1, x_2, \cdots, x_n)$ 代表传统的农业生产函数。x_R 为资源投入要素，x_E 为环境投入要素。C 为资源环境消耗（成本）。C 的变化不仅来自要素数量的变化，也包括要素品质的变化，通过投入品减量、资源节约和废弃物综合利用，可以减少资源环境成本。

采用柯布－道格拉斯生产函数，表示为（2）式。

$$Y_1=AK^{\alpha}T^{\beta}L^{\gamma}R^{\delta}E^{\varepsilon} \tag{2}$$

A 为农业全要素生产率。K 是资本投入，T 是土地投入，L 是劳动力投入，R 和 E 分别代表自然资源和环境投入。α 为资本产出弹性系数，β 为土地产出弹性系数，γ 为劳动力产出弹性系数，δ 为自然资源产出弹性系数，ε 为环境产出弹性系数，它们代表着各要素对产出的贡献程度。在农业发展的不同阶段，各要素的贡献程度也不同。与传统农业生产阶段相比，农业绿色发展的第一阶段，R 和 E 的贡献程度逐渐显现出来，但更多体现在生态环境要素质量对经济发展的约束性。也就是将资源环境禀赋即“绿色”资产视为一种消耗性的资本投入，污染排放和资源退化即“不绿色”作为一种“非合意”的产出，关注点在于如何减少和去除农业污染等“非合意”产出，环境保护和产出增加是两个对立的结果。

二、农业绿色发展 2.0：提质

农业绿色投入的价值转化阶段，表现为产地绿色化和产品优质化。不仅环境污染减少，同时农业投入要素质量提高也带来农产品质量的提升，农业绿色投入的价值通过绿色农产品市场溢价得以实现。这一阶段的政策实践主要集中在农业生产领域和消费领域。

$$Y_2=f(x_1, x_2, \cdots, x_n)-C(x_E, x_R)+V(x_E, x_R) \quad (3)$$

式（3）中 $V(x_E, x_R)$ 为资源环境要素优化带来的产品品质提高并进而通过市场机制实现的价值增值。资源环境要素的“绿色”动力开始逐渐显现，在减少“非合意”产出的同时，也带来由于要素品质提高而产生的农产品增值。

从柯布－道格拉斯生产函数来看，在农业绿色发展的第二个阶段，R 和 E 的贡献逐渐增大，并且影响到其他因素的产出弹性，$(\alpha+\beta+\gamma+\delta+\varepsilon)$ 的值逐渐增大。由此带来产出的增加不仅体现在量上，更体现在质的提升上。但这个阶段，（3）式中 C 和 V 仍然作为外生因素作用在 $f(x_1, x_2, \cdots, x_n)$ 之外，“绿色”仍然没有被内化为“发展的核心动力”。

三、农业绿色发展 3.0：增效

以农业高质量发展为特征，对于外界的“输血性”依赖减少，“绿色”内化在农业从投入到生产再到消费的全过程中，成为驱动农业发展的内生动力，进入绿色发展的高级阶段。在这一阶段，“绿色化”不再是约束性要素而是激励性要素，绿色和发展形成良性互动，如采用“种养结合”“秸秆综合利用”“地膜回收”“养殖废弃物综合利用”等方式，实现生态资源、环境效益和经济效益的联动。环境资源要素不仅仅作为生产要素，减少面源污染排放也不再是单一的目标，而是表现为从生产理念到生产方式的转变。

$$Y_3=f(x_1, x_2, \cdots, x_n)+EB(x_1^*, x_2^*, \cdots, x_n^*) \quad (4)$$

在式（4）中，$x_1^*, x_2^*, \cdots, x_n^*$ 为经过“绿色”优化、改造后的投入要素，EB 为由此带来的生态红利，如在土地要素的利用中更加强调对于土地地力的保护，即藏粮于地，而不是一味地强调土地利用；对于化肥、农药等投入品，减量化下的产量最大化成为主要目标；劳动者绿色生产能力、生产方式等都发生了改变。

从柯布－道格拉斯生产函数来看，在农业绿色发展的第三个阶段，资源要素 R 和环境要素 E 在函数中貌似消失了，但其对产出的影响集成在了各个要素的优化和提升中，不仅体现为产量的增加，也体现为质的提升，更表现为绿色生产能力和价值增值能力的提升，也即农业的绿色本色带来的农业高品质产出和可持续发展能力的提升，如式（5）。

$$Y_1=AK^{\alpha+\delta+\varepsilon}T^{\beta+\delta+\varepsilon}L^{\gamma+\delta+\varepsilon} \quad (5)$$

当“绿色”被内化于农业生产函数中，环境保护和产出增加、质量提高实现了协调一致，“绿水青山”真正具有了转化为“金山银山”的内在动力和潜在能力。这一阶段的政策实践会溢出农业单一领域，而凸显在农业多功能性中，是综合了农业的生产、环境、文化等多种功能后对农业生产力的综合提升。资源环境不再是生产中需要兼顾的问题，而是将其还原并升级成了动力源。农业生产中的环境外部性内部化概念将不复存在，也即实现了农业经济增长与环境负面效应脱钩。

习近平总书记讲了“绿水青山就是金山银山”“保护生态就是发展生

产力”，他讲的是理念也是要求，但绿水青山是自然物，本身不会自动转化为金山银山，中间的转化机制需要发挥政策引导，并结合每个地方的实际发挥当地人的主观能动性。因此，要避免将绿色发展与单纯的农业环境保护相混淆，保护环境是绿色发展的前提和基础，还需要在不断提高环境质量水平的基础上，将环境红利转化为经济利益。从当前我国农业绿色发展推进情况来看，至少包括三个方面环境红利：一是减排的红利，化肥、农药、农膜等化学投入品减量和秸秆、粪便等剩余物资源化利用而带来的污染和碳排放减少，从而带来环境质量的改善；二是产品的红利，在环境友好模式下生产出的质量更高的农产品；三是生态的红利，由于产地环境改善，使当地的生态系统更加健康稳定。

然而，环境“红利”和经济效益之间存在巨大的“鸿沟”。如何将这些“红利”变成实实在在的经济利益？这实际上就是外部性内部化，要建立“绿水青山”变“金山银山”的转换机制。最难的是第一个。产品好了可以卖高价，产地环境好了可以吸引旅游，而这些都需要靠前端的减排来实现。而现在恰恰是对减排本身缺乏激励，这就像明明知道一个生意可以赚钱，就是没人提供启动资金。所以第一个要建立台账或监测制度，提供可核查、可互验的数据基础，才能为后面出台生态补偿，探索工农业之间排污权交易、碳交易等打下基础，将农业减排变农民收入。第二个通过开展优质农产品认证，并不断完善市场监管以实现优质优价。第三个通过休闲旅游、扩展农业多功能来实现。

在诠释可持续发展理念上，中国经历了追随、创新和倡导的阶段。绿色发展与可持续发展在理念上是共通的，但也有细微差别，体现在绿色发展主要关注人与自然的关系，可持续发展还包含人与人的关系；此外，绿色发展更多强调把“绿色”转化为发展的动力，而不是发展与保护之间此消彼长。农业是天然的绿色产业。近年来，中国率先在农业领域提出绿色发展并取得较好成效，这将为全球可持续发展提供具体、鲜活的中国经验。

第五讲
绿色发展与可持续发展之辨①

在政策文件、新闻舆论中，经常把绿色发展和可持续发展混淆，在研究过程中也容易产生“绿色发展和可持续发展是什么关系”的疑惑。通过梳理全球可持续发展理念和我国各时期与之对应的政治话语体系，作者认为，绿色发展是社会主义新时期中国对传统西方主流话语体系的重大突破，和可持续发展在理念上有共通之处，但在涵盖范围和价值取向上仍有细微差别，理解二者之间的区别与联系，有助于更加坚定理论自信和更好地推进相关工作。

一、对全球可持续发展理念的简要回顾

“可持续发展”源于西方话语体系。1962 年美国海洋生物学家蕾切尔·卡逊出版的《寂静的春天》描绘了农药大量使用导致生态灾难的情景唤起了民众的环境保护意识。1972 年罗马俱乐部发表的《增长的极限》，警告世界经济放慢脚步，回到零增长甚至负增长，甚至引起了人们

① 金书秦：“可持续发展的中国话语演进及新时期的农业实现”，《环境与可持续发展》，2020 年第 5 期，第 81-84 页。

对“世界末日”的讨论。这些研究成果都提示人们忽视环境的经济增长模式将越来越难以为继。面对这些相对悲观的研究成果，1987 年，世界环境与发展委员会（WCED）出版《我们共同的未来》报告，提出了“可持续发展”的概念，并将其定义为：“既能满足当代人的需要，又不对后代人满足其需要的能力构成危害的发展。”

在推动全球可持续发展上，联合国扮演了积极、主导的作用。1992 年，联合国在里约热内卢召开的第一次环境与发展大会通过了《关于环境与发展的里约热内卢宣言》《21 世纪议程》等重要文件，将可持续发展凝聚为全球共识。2000 年 9 月在联合国千年首脑会议上，世界各国领导人共同签署了《联合国千年宣言》就消除贫困、饥饿、疾病、文盲、环境恶化等 8 个方面商定了一套为期 15 年的可持续发展目标和指标，被称为千年发展目标（Millennium Development Goals，MDGs）。2015 年，在承接千年发展目标的基础上，193 个成员国在联合国可持续发展峰会上又正式通过了《改变我们的世界——2030 年可持续发展议程》，该议程为下一个 15 年制定了包括 17 个方面的可持续发展目标（Sustainable Development Goals，SDGs）。

总体上，可持续发展是一个具有全球共识的概念和目标，但各国经济、政治、文化差异巨大，为了形成共识，其概念难免抽象笼统，覆盖的领域包罗万象。反之，各国在实践上，也都是从自身国情出发，并且同一个国家也有不同发展阶段，在不同阶段也可以有不同的理解方式和实践形式。同样一项措施，在有些国家被认为“可持续”，在其他国家却被认为“不可持续”。例如，在非洲一些国家，当前的最重要议题是解决饥饿问题，因此促进化肥、农药的使用被作为现可持续发展的重要措施；而在发达国家，从 20 世纪七八十年代开始，减少化学投入品就成为主流；我国也在 2015 年提出了化肥农药零增长行动计划。

二、“可持续发展”中国化的话语演进：从追随到倡导

话语体系是一定时代经济社会发展状态和文化传统的综合表达，受经济基础决定和影响（王莉，2017）。法国思想家福柯认为“话语即权力”。在国际舞台上尤其如此，话语是一个国家的软实力，其背后却是这个国家的硬实力。自20世纪90年代至今，中国的经济社会发生了巨大变化：从国内情况来讲，社会主要矛盾转化为“人民日益增长的美好生活需要和不平衡不充分的发展之间的矛盾”；从国际地位来看，自2010年开始我国就稳居全球第二大经济体，2019年人均GDP超过1万美元，属于中等收入国家中的偏高水平。这些变化构成中国追求可持续发展的基础。

在20世纪90年代，中国是第一批响应全球可持续发展理念的国家。对于“可持续发展”这个舶来概念，在其传入中国最初的10多年里，在政治话语和学术研究领域，总体上都处于一种追随和响应的状态。1992年，时任国务院总理李鹏率团出席了在巴西里约热内卢召开的联合国环境与发展大会首脑会议，会后中国政府就着手编制《中国21世纪议程》，在联合国开发计划署（UNDP）的支持下，于1993年编制完成，1994年3月经国务院第十六次常务会议审定通过（甘师俊，1993）。1995年中共十四届五中全会强调“在现代化建设中，必须把实现可持续发展作为一个重大战略”。“可持续发展”的表述被原原本本写入众多党和国家的重要文件中，成为国家战略。

学术界也掀起了一股可持续发展研究热。笔者以“篇名 = 可持续发展”为条件检索被“中国知网”收录的中文期刊，结果显示（见图5-1）：中国学者对可持续发展的研究在1993年之后呈井喷式增长，1993年只有4篇论文发表，之后的5年迅速增长，到1997年达到1858篇，2004年突破4000篇后至2009年达到顶峰的4640篇，之后呈现下降趋势，2019

年为 2838 篇，其中以“农业可持续发展”为篇名的论文占比不高，在 2% ～ 9%。

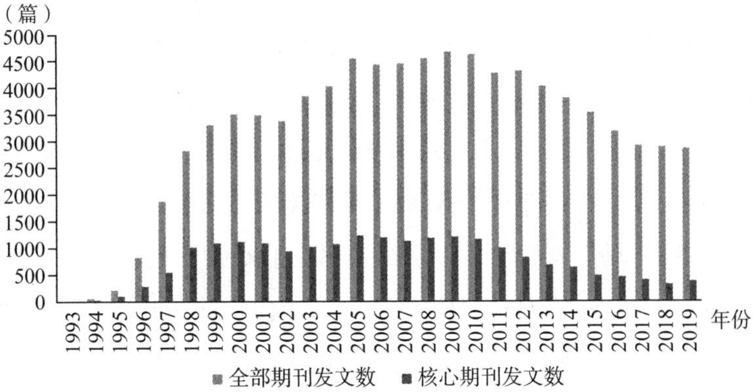

图 5-1　“可持续发展”论文发表数量

数据来源：中国知网（CNKI）检索，检索时间为 2020 年 4 月 2 日。

可持续发展涵盖社会可持续、经济可持续和资源环境可持续三个方面，几乎无所不包。对于可持续发展的理解，学界主要出现两种倾向：一种是可持续发展“包打天下”，概念过度泛化，几乎在所有的名词后面都可冠以“可持续发展研究”；另一种是将可持续发展侧重理解为环境保护，这类研究虽然略显狭隘，比之第一种倾向却抓住了可持续发展的关键，因为该理念的提出就是为了弥合经济、社会发展与生态环境保护的断裂。

进入 21 世纪，可持续发展被首次直接纳入马克思主义中国化的理论创新成果中。2003 年，党的十六届三中全会明确提出科学发展观，即“坚持以人为本，树立全面、协调、可持续的发展观，促进经济社会和人的全面发展”。2007 年党的十七大将科学发展观写入党章，并指出，科学发展观，第一要义是发展，核心是以人为本，基本要求是全面协调可持续，根本方法是统筹兼顾。2012 年党的十八大又进一步把科学发展观列入党的指导思想。

进入社会主义新时代，党的十八届五中全会提出“创新、协调、绿色、开放、共享”五大发展理念。五大发展理念不仅面向中国自身可持续发展，也包括了对全球可持续发展的倡导，而且在全球倡导上形成了从理念到机构的完备体系：在理念上提出了“人类命运共同体”，在合作机制上提出了“一带一路”倡议，在实体机构上创建了亚洲基础设施投资银行，这些都彰显了一个负责任大国对全球可持续发展的担当。

“可持续发展”提出30多年来，中国追求可持续发展的决心一直没变，但表述和实践的方式、姿态发生了变化，从可持续发展到科学发展观，再到五大发展理念，反映了中国在践行可持续发展方面从最初的追随者、响应者转变为主动创新者，再跃升为积极倡导者的演变历程，其实践路径也越发具体和清晰。

三、绿色发展与可持续发展：理念共通和细微差异

可以说，五大发展理念在一定程度上是用中国话语体系将可持续发展进行了细分和拓展，使之更具有操作性和实践指导性，其中，绿色是永续发展的必要条件和人民对美好生活追求的重要体现。绿色发展既是理念也是行动路线，是五大发展理念中与国际可持续发展理念最紧密、重合度最高的。因此，绿色发展和可持续发展在理念上是共通的。当然，绿色发展与可持续发展还有两个方面细微差异。

第一，绿色发展主要针对经济和环境领域，注重的是解决人与自然和谐共生的问题，人与人之间的问题（例如性别平等、社会公正、代际公平等）属于可持续发展的范畴，却超出绿色发展的范畴。这是因为五大发展理念是相互贯通、相互促进，有内在联系的集合体，绿色发展所未能覆盖的领域将由其他理念来覆盖，例如“共享”发展理念主要就是

覆盖社会公平正义问题。这一差异也正表明了绿色发展相较于笼统的“可持续发展”更具有实践指导性，绿色发展抓住了永续发展的最核心问题，即人与自然的关系问题，而将性质相异的问题交给其他发展理念去解决。

第二，绿色发展诠释了一种更加积极的人与自然的关系，不仅要保护环境，还要在保护中获得发展的动力。传统观点将环境与经济割裂或对立起来，在路径选择上体现为“先污染后治理”“边污染边治理”等模式。西方学者在提出“可持续发展”之初也不乏“零增长”“负增长”的消极取向。绿色发展是将绿色作为发展的一种驱动力，而不是发展中要“兼顾”的问题，更不是制约发展的“拦路虎”，是真正地将环境与经济统一起来，强调在发展中保护，保护就是发展。正如世界银行和国务院发展研究中心（2013）对绿色发展的定义：“一种经济增长与资源消耗、碳排放、环境损害脱钩的发展方式，这种发展方式可以通过创建新的绿色产品市场，技术，投资以及消费和保护行为的变化促进经济增长。”因此，绿色与发展是互促共进的，而不是传统的此消彼长关系，可持续发展或多或少地包含了保护与发展之间存在某种程度的“妥协”关系。

四、农业绿色发展：为全球可持续发展贡献中国经验

农业是与自然环境接触最为密切的产业，是天然的绿色产业，因此也成为探索实现可持续发展的先导产业。

国际上，为推动农业可持续发展，世界各国都在探索适合自身的实现方式。例如欧盟倡导的“多功能农业”强调农业除了传统的生产功能外，还具有社会功能和保护环境功能。法国、荷兰等国以多功能农业为导向修改了其原有的农业支持政策。美国于20世纪80年代初提出了“可持续农业”，不仅强调通过生态循环，尽可能减少化工产品如化肥、农药、添加剂等的使用，节约资源、降低成本，而且还强调遵循农业循环经济

3R 原则（减量化、再利用、再循环），对农业生产要素进行统筹规划和系统开发利用，提高农产品质量，增加农民收益。日本于 20 世纪 90 年代初制定了“环境保全型农业”的农业发展目标，主张发挥农业特有的物质循环机能，注重与生产效率的协调，减轻由于使用化学肥料和农药而造成的环境负荷。韩国的“亲环境农业”以农业与环境协调发展为理念，提出两大基本目标：一是通过确立适宜于区域条件、农民经营规模、农作物特点的亲环境农业体系，提高农民收入，保障农产品安全；二是通过确立农产、畜产、林产相联系的自然循环农业体系，保护农业环境，增进农业的多元性公益职能。

中国在粮食生产能力高水平稳定、农业污染却日益突出的背景下，2016 年中央一号文件明确指出“加强资源保护和生态修复，推动农业绿色发展”；2017 年又以中共中央办公厅、国务院办公厅的名义专门发布了《创新体制机制推进农业绿色发展的意见》，宣告绿色发展成为农业发展的主流方向和国家意志。经过近 5 年的大力推动，已经取得显著成效，表现在：制度设计的“四梁八柱”基本建立、化学投入品减量颇有成效、废弃物资源化利用水平不断提高、综合样板初具规模（金书秦等，2020）。从中国的实践成果来看，实现农业绿色发展主要有三条路径：一是通过使用绿色生产技术和物资，减少化学品投入，节约高效地利用自然资源，资源化利用农业废弃物，最大限度地减少资源消耗，避免农业生产带来的环境污染，实现增产不增污、增产不增碳，例如，“十三五”期间中国累计减少的化肥（折纯）投入量超过 1000 万吨。二是污染排放与农业生产持续脱钩，水质、土壤、空气等产地环境要素质量明显提高，生态系统得到改善，农产品质量也随之大幅提升，通过完善市场、倡导绿色消费，绿色、优质的农产品在市场中将得到市场溢价，例如 2018 年，有机产品总产值 1666 亿元，其中加工类占 65.4%；有机产品销售额为

631.47 亿元，其中加工类占 94%[①]。三是随着生态环境的持续改善，收入水平的不断提高，农业农村的多功能性逐步凸显，成为满足人们对美好生活向往的重要载体，优质农产品、优美的乡村环境通过完善的产品和服务市场获得溢价，绿色成为驱动发展的内生动力，实现高质量发展，例如，2018 年全国休闲农业和乡村旅游收入超过 8000 亿元。

世界人口数量在 21 世纪还将持续增长，加上国际农产品贸易环境的不确定性，中国将越来越需要提高自身的农业生产能力。在此背景下，保护和提升耕地地力，避免过度消耗资源环境，实施粮食产业的绿色转型升级，实现农业生产的可持续，对于全球范围内实现可持续发展目标（SDGs）意义重大。因此，中国在新时代背景和新的国际环境下提出和探索的农业绿色发展道路，可以为其他发展中国家贡献中国经验，为世界农业可持续发展提供中国方案。

五、小结

综上，绿色发展集理念、理论和路径于一体，其与可持续发展的差别在于可持续发展关注经济、社会、环境三大方面，而绿色发展作为五大发展理念之一，更多强调人与自然的关系，聚焦经济与环境的辩证统一，人与人的关系问题则主要交由共享发展来解决。此外，绿色发展更加强调“绿色”和“发展”的互促机制，而不是此消彼长的关系。

从可持续发展到科学发展观，再到绿色发展，既是我们党与时俱进、不断进行理论和理念创新的表现，也反映了我国在践行全球可持续发展方面角色的不断变化：从追随者到创新者，再到倡导者。下一步，要继续坚定理论自信和道路自信：一方面，要加强政策话语的规范和统一化，

① 数据来源：《中国有机产品认证与有机产业发展》，中国农业科学技术出版社 2019 年版。

例如，在同一个政策文件中应避免“绿色发展”和“可持续发展”交叉混用，并尽量以“绿色发展”替代“可持续发展”；另一方面，要系统总结相关领域（如农业）绿色发展的经验和模式，在各类国际场合发出中国声音、讲好中国故事，也为全球可持续发展贡献具体、鲜活的中国方案。

参考文献

[1] 甘师俊.《中国21世纪议程》：我国实施可持续发展战略的纲领［J］. 中国人口.资源与环境，1993(4)：8-13.

[2] 金书秦，牛坤玉，韩冬梅. 农业绿色发展路径及其“十四五”取向［J］. 改革，2020(2)：30-39.

[3] 江泽民. 正确处理社会主义现代化建设中的若干重大关系. 1995年9月28日.

[4] 王莉. 中国话语体系构建的基本维度［N］. 光明日报，2017-09-25.

[5] 中共中央宣传部. 习近平新时代中国特色社会主义思想学习纲要［M］. 北京：学习出版社、人民出版社，2019：209.

[6] World Bank and Development Research Center of the State Council. China 2030: Building a Modern, Harmonious, and Creative Society［R］. Washington, DC: World Bank. 2013: 217.

绿色发展是农业发展观的一场深刻革命，也是农业供给侧结构性改革的主攻方向。习近平同志在丰富的实践和长期深入思考的基础上，提出“绿水青山就是金山银山”，为推进农业绿色发展提供了强大的理论指引。通过学习习近平新时代中国特色社会主义思想，归纳出农业绿色发展的五个重要方面：一是在定位上，农业绿色发展不仅是经济问题，更是关乎民心的政治问题；二是在工作方法上，农业绿色发展要全面系统，不能顾此失彼；三是在政绩观上，农业绿色发展要有历史耐心、久久为功；四是在落脚点上，农业绿色发展还是要提供更多安全、优质的农产品；五是在坚守底线上，要保障国家粮食安全和“三农”发展。

第六讲
从“两山”理念到农业绿色发展①

过去的很长一段时间，在农产品供给压力下，产量成为农业追求的核心目标，在获得高产出的同时，也存在水土资源低效利用、化肥农药过度投入、畜禽粪污大量排放等问题，对农业生态系统和农村环境造成破坏，制约农业的可持续发展。拼资源、拼投入、拼消耗的生产方式已经难以为继，农业亟待回归其绿之本色，推进农业绿色发展势在必行。绿色发展是农业发展观的一场深刻革命，也是农业发展方式的重大转变。当前，我们正在深入推进农业绿色发展，习近平同志关于农业绿色发展做出了诸多重要观点和指示，是其丰富的实践经验和长期深入思考相结合的产物，具有很强的理论性和系统性，为我们推进农业绿色发展提供了强大的理论指引。

① 金书秦、韩冬梅："从‘两山’理论到农业绿色发展"，《中国井冈山干部学院学报》，2020年第3期，第18-24页。

一、绿色发展理念是“两山”理念的升华

2005 年，习近平同志首次提出了“绿水青山就是金山银山”的论断。随后，他用三个阶段系统论述了绿水青山和金山银山的辩证关系，第一阶段就是用绿水青山换取金山银山，第二阶段是既要金山银山也要绿水青山，第三阶段是认识到绿水青山可以源源不断地带来金山银山，绿水青山本身就是金山银山。这三个阶段是经济增长方式转变的过程，是发展观念不断进步的过程，也是人和自然关系不断调整、趋向和谐的过程（于法稳，2016）。

2013 年 9 月 7 日，习近平态度鲜明地阐释了自己对于“两山”的取舍：“我们既要绿水青山，也要金山银山。宁要绿水青山，不要金山银山，而且绿水青山就是金山银山。”[①] 可以看出，“两山”理念廓清了“绿色”和“发展”的辩证关系，绿色既是发展的原动力，也是发展的目标，要用绿色的目标优化发展的方式。当然，在认识过程中会经历不同的阶段，产生不同的执行主体和利益主体，对于某一类主体来讲它（保护）是有利的，对于另外的利益主体而言可能不是，但生态环境保护要算大账、算长远账。

2015 年召开的党的十八届五中全会提出“创新、协调、绿色、开放、共享”五大新发展理念。理念是行动的先导，也是理论的升华。绿色发展理念进一步将“两山”理念提升至管全局、管根本、管长远的基本遵循。2018 年 5 月全国生态环境保护大会在北京召开，会议的一个标志性成果就是正式确立了习近平生态文明思想。习近平生态文明思想是习近平新时代中国特色社会主义思想的重要组成部分，集中体现为“八观”，即：“生态兴则文明兴”的深邃历史观、“人与自然和谐共生”的科学自然观、“绿水青山就是金山银山”的绿色发展观、“良好生态环境是最普惠的

① 《习近平在哈萨克斯坦纳扎尔巴耶夫大学发表重要演讲》，《人民日报》，2013 年 9 月 8 日第 1 版。

民生福祉”的基本民生观、“山水林田湖草是生命共同体”的整体系统观、“实行最严格生态环境保护制度”的严密法治观、“共同建设美丽中国”的全民行动观、“共谋全球生态文明建设之路”的共赢全球观。2019 年党的十九届四中全会通过的《中共中央关于坚持和完善中国特色社会主义制度 推进国家治理体系和治理能力现代化若干重大问题的决定》（以下简称《决定》）再次强调了“必须践行绿水青山就是金山银山的理念”。

“两山”理念是习近平生态文明思想的重要组成部分，也是我们推动农业绿色发展的理论指引和行动指南。农村是生态文明建设的主战场，农业是生态文明建设的重要载体，农业实现绿色发展是生态文明思想在农业领域的体现，“两山”理念动态地勾勒了农业绿色发展的演进路线，更凸显出二者从对立走向统一的思想转变。对于农业绿色发展的理解也可以包括三个维度递次推进：首先是农业生产过程的清洁化，资源的节约高效利用，减少化学投入品，农业废弃物资源化利用，避免农业生产过程对环境造成污染。其次是农业产地环境得到保护，实现水质改善、土壤有机质提升、空气质量提高、生态系统修复，农产品质量优化，生产能力的持续性得到保护。最后，实现绿色驱动发展，维护更好的环境质量、提供更优质的农产品，实现农业农村的多功能性，成为农业绿色发展的强大动力。

二、农业绿色发展是“两山”理念在农业领域的鲜活应用

“两山”理念在“三农”领域的应用在党的十八大以来的 8 个中央一号文件中均得到了体现。2013 年一号文件提出“推进农村生态文明建设”；2014 年一号文件设置了“建立农业可持续发展长效机制”专章；2015 年一号文件用“三农”强、富、美统领三章内容，其中之一就是“中国要美，农村必须美”；2016 年一号文件首次正式提出推进农业绿色发展；2017 年一号文件继续“推行绿色生产方式，增强农业可持续发展能力”；

2018年一号文件提出以绿色发展引领乡村振兴；2019年一号文件进一步强调了系统的绿色发展观，强调“统筹推进山水林田湖草系统治理，推动农业农村绿色发展”；2020年一号文件突出强调要“对标全面建成小康社会加快补上农村基础设施和公共服务短板”。可以说，“两山”理念在“三农”领域的表述逐步丰富、要求愈发明确、目标已然清晰，农业绿色发展的重要论述丰富了“两山”理念的内涵，农业绿色发展的实践为“两山”理念提供了更多现实注脚。因此深入学习领会习总书记关于农业绿色发展的重要观点和论述，有利于为下一步推进工作把握方向、抓住重点、找准节奏（韩长赋，2017）。通过学习有关文献，结合农业发展特点，我们试图梳理出关于农业农村绿色发展的五个重要方面。

（一）农业绿色发展定位：是关乎民心的政治问题

农业农村绿色发展不仅仅是环境问题，更是一个涉及经济发展、政治稳定的大问题，关系到亿万农民群众的幸福感、获得感，也事关14亿人吃饱吃好，是以人民为中心的发展理念的重要体现。2013年，习近平总书记在海南考察时指出：“良好生态环境是最公平的公共产品，是最普惠的民生福祉。”①2015年3月，习近平总书记在参加江西代表团审议时强调：“环境就是民生，青山就是美丽，蓝天也是幸福。要像保护眼睛一样保护生态环境，像对待生命一样对待生态环境。”②在针对畜禽养殖污染这样的具体问题时，习近平总书记在中央财经领导小组第十四次会议上指出：“加快推进畜禽养殖废弃物处理和资源化，关系6亿多农村居民生产生活环境，关系农村能源革命，关系能不能不断改善土壤地力、治理好农业面源污染，是一件利国利民利长远的大好事。”③

---

① 《习近平在海南考察：加快国际旅游岛建设　谱写美丽中国海南篇》，人民网，2013年4月11日。

② 《习近平张德江俞正声王岐山分别参加全国两会一些团组审议讨论》，《人民日报》2015年3月7日第1版。

③ 《习近平：从解决好人民群众普遍关心的突出问题入手　推进全面小康社会建设》，《人民日报》2016年12月22日第1版。

党的十八大以来，习近平总书记在国内考察调研过程中，多次关注农村厕所改造的问题。习近平总书记在多次讲话中经常强调“民生无小事”，厕所改造便是与农村人居环境质量息息相关的一件“大事”。为落实总书记指示精神，2019 年 1 月，中央农办、农业农村部、国家卫生健康委员会、住房和城乡建设部、文化和旅游部、国家发展和改革委员会、财政部、生态环境部等 8 部门联合发布《关于推进农村“厕所革命”专项行动的指导意见》，提出“把农村‘厕所革命’作为改善农村人居环境、促进民生事业发展的重要举措，进一步增强使命感、责任感和紧迫感，坚持不懈、持续推进，以小厕所促进社会文明大进步。”

（二）农业绿色发展方法论：全要素系统推进

2019 年中共十九届四中全会《决定》中明确指出：“统筹山水林田湖草一体化保护和修复，加强森林、草原、河流、湖泊、湿地、海洋等自然生态保护。”在推进农业农村绿色发展的方法上，必须要坚持“山水林田湖草是生命共同体”的整体系统观，全要素系统推进。

1. 生态环境要素的全面保护

单个要素的保护不是绿色发展的本意，农业是一个生态系统，尤其要强调系统性和全面性。过去经常出现顾此失彼的“保护”或“发展”措施，例如围湖造田、毁林造田一度大行其道，严重破坏生态系统平衡。2016 年 1 月 5 日，习近平总书记在推动长江经济带发展座谈会上强调：“长江经济带作为流域经济，涉及水、路、港、岸、产、城和生物、湿地、环境等多个方面，是一个整体，必须全面把握、统筹谋划。”①

2.“社会—经济—环境”复合生态系统的全方位发展

复合生态系统是由人类社会、经济活动和自然条件共同组合而成的生态功能统一体。人类是主体，环境部分包括人的栖息劳作环境、区域

① 《习近平：走生态优先绿色发展之路　让中华民族母亲河永葆生机活力》，《人民日报》，2016 年 1 月 8 日第 1 版。

生态环境及社会文化环境，它们与人类的生存和发展休戚相关，具有生产、生活、供给、接纳、控制和缓冲功能，构成错综复杂的生态关系。农业的本色是绿色，是复合生态系统的重要组成部分。农业绿色发展是整个经济社会绿色发展的一部分，也为整个社会的绿色发展提供基本支撑。2015 年 1 月 20 日，习近平总书记在云南考察工作时指出：“新农村建设一定要走符合农村实际的路子，遵循乡村自身发展规律，充分体现农村特点，注意乡土味道，保留乡村风貌，留得住青山绿水，记得住乡愁。”①

3. 区域的全面、协调发展

习近平总书记一直关注区域协调发展的问题。在我国区域发展差异巨大的背景下，尤其要重视产业在区域间转移可能导致的污染转移。2016 年 3 月，习近平总书记在参加十二届全国人大四次会议黑龙江省代表团审议时特别指出：“绿水青山是金山银山，黑龙江的冰天雪地也是金山银山。”②

（三）农业绿色发展政绩观：要有战略定力和历史耐心

农业是一个“慢”产业，今天显现出来的很多由于农业发展所导致的环境问题也是长期积累下来的，推进农业绿色发展、改善生态环境，要避免急功近利，更要杜绝形式主义、一蹴而就的思想和行为。

农业发展不仅要杜绝生态环境欠新账，而且要逐步还旧账。我们需要用历史的眼光来看待农业绿色发展，将长期性科学规划与阶段性目标计划有机结合，标本兼治，稳扎稳打，逐步深入推进。要以“功成不必在我”的精神境界和“功成必定有我”的历史担当，保持历史耐心，发扬“钉钉子”精神，一张蓝图绘到底，一任接着一任干。

① 《习近平在云南考察工作时强调：坚决打好扶贫开发攻坚战　加快民族地区经济社会发展》，《人民日报》，2015 年 1 月 22 日第 1 版。

② 《习近平参加黑龙江代表团审议：冰天雪地也是金山银山》，新华网，2016 年 3 月 7 日。

（四）农业绿色发展的落脚点：提供更多优质的农产品

能不能在食品安全上给老百姓一个满意的交代，是对我们执政能力的重大考验，也是农业绿色发展的根本落脚点。经过新中国成立 70 年、改革开放 40 年的艰苦奋斗，我国农业农村经济取得了伟大的成就，实现了从“8 亿人吃饱，到 14 亿人吃不完”的跨越。然而，我国农产品供给中品质一般的占多数，品质较高的品牌产品还较少，难以适应城乡居民消费结构的快速升级，还无法完全满足人民对美好生活的向往。

深入推进农业供给侧结构性改革，要把增加绿色优质农产品供给放在突出位置[①]。推进农业绿色发展，就是要增加优质、特色、安全的农产品供给，促进农产品供给由以“量”取胜向不断注重“质”的提升转变，走绿色兴农、质量兴农之路（韩长赋，2017）。

（五）农业绿色发展的底线：保障粮食安全和“三农”发展

2019 年党的十九届四中全会《决定》指出，要坚持“实施乡村振兴战略，完善农业农村优先发展和保障国家粮食安全的制度政策”。当前我们正面临百年未有之大变局，风云变幻的外部环境考验是长期的、复杂的，农业发展的首要任务就是保障国家粮食安全，确保中国人的饭碗任何时候都牢牢端在自己手上，而且要装自己的粮食。保障粮食安全是基本底线，“三农”发展是基本前提（韩长赋，2018）。

不能以“绿色”为名忽视农业。要避免有些地方借“绿色”之名，将农业排除在外，行“非农化”之实际。即使是一些明确的绿色发展举措，也要防止走偏走样，例如推进耕地轮作休耕，有利于耕地资源恢复、粮食产能提升、促进农业可持续发展，但必须首先保障粮食安全。“休耕不能减少耕地、搞非农化、削弱农业综合生产能力，确保急用之时粮食能够产得出、供得上。”

① 《中央经济工作会议在北京举行　习近平李克强作重要讲话》，《人民日报》，2016 年 12 月 17 日第 1 版。

不能以“美丽”之名淡漠农村利益。乡村建设要以修复为主，改建为辅，避免“千村一面”，要把美丽乡村的“内在美”和“外在美”有机结合起来，体现出“乡土味道”，如此才能“记得住乡愁”。

不能以“保护”之名损害农民。实现生态环境保护，不能以损害农民利益为代价。需要考虑具体的生态环境保护措施对产业发展、乡村风气、基层治理、农民生计的影响。既不能不作为，也不能乱作为。例如一些地方盲目扩大禁养区，简单采取禁养、关闭和拆除的办法，不仅不能达到目的，还会损伤农业本体，损害农民利益，损耗农村正气。必须要有正确的手段、科学的原则和合理的边界，既保护了环境，又发展了农业，富裕了乡村。在工作方式上，要重视农民参与乡村环境治理的主体地位，让农民能够从环境保护中获得切实的经济利益，而不是简单粗暴地一禁了之，把农民利益排除在生态环境保护之外（魏琦、金书秦，2018）。

三、农业绿色发展具有丰富的实现形式

农业绿色发展具有非常坚实的理论基础，我国古代先贤的“天人合一”“道法自然”等思想为农业绿色发展提供了最朴素同时也是最有生命力的哲学基础。而现代生态学、资源环境经济学等学科发展则提供了更为科学的理论基础。环境价值论认为，随着环境污染加剧、资源稀缺凸显，资源环境越来越被视为有价，农业是与自然资源最为紧密相关的产业，资源环境条件直接影响农产品质量，进而影响农产品价格，因此农业绿色发展，必然是体现资源环境价值的发展方式。农业多功能理论认为农业具有经济、生态、社会和文化等方面的功能，过去主要强调农业的生产功能，绿色发展则更多地强调综合发挥农业的生产、环境、文化等多种功能。农业的本色是绿色，农业绿色发展是整个经济社会绿色发展的一部分，也为整个社会的绿色发展提供基本支撑（林星、吴春梅，2016）。

在实践层面，农业绿色发展是缓解资源约束、防治环境污染、保护农业生态，实现农业可持续发展的重要途径。随着可持续发展理念的不断深入，农业绿色发展的概念和形式也呈多样化，如循环农业、有机农业、低碳农业等。从宏观层面看，这些概念都属于农业绿色发展的范畴，不同概念又各有侧重。例如循环农业主要侧重种养结合，有机农业主要侧重投入品的有机化，低碳农业则主要强调更少的温室气体排放，但总体都属于环境友好型农业。国际上，农业绿色发展也表现为不同的形式，例如，欧盟的“多功能农业”强调包括生产功能和保护环境功能的农业多功能性。美国的“可持续农业”主张尽可能减少化肥、农药、添加剂等化工产品在农业生产中的使用，促进农产品质量和农业生态环境的改善。日本的“环境保全型农业”主张充分发挥农业自身特有的物质循环特征，通过持续提高生产效率，降低生产中投入的化学肥料和农药导致的环境负面影响，积极推行“减量化、再生化、有机化”等措施。韩国实行的“亲环境农业”基于“农业与环境协调发展”的理念，提出两大基本目标：一是确立亲环境的农业体系，充分考虑区域条件、生产经营规模和农作物特点，不仅提高农民收入，也保障农产品的安全；二是确立自然循环农业体系，使农产、畜产和林产相关联，提高农业的多元性公益职能。

综上所述，农业绿色发展就是要遵循生态系统原理和生态经济规律，运用传统农业技术精华和现代农业科技，注重农业资源集约使用、环境污染有效控制和农业生态系统保护，实现生态、经济和社会效益统一的良性循环型农业生产体系。从内涵上讲，农业绿色发展更加注重资源节约、更加注重环境友好、更加注重生态保育、更加注重产品质量。从外延上讲，农业绿色发展既是理念又是举措，尊重自然规律、顺应自然规律的发展，包括投入品、农产品加工、流通、消费等全过程的绿色化，还包括丰富和增强农业绿色景观所产生的休闲和环境等多种功能。作为世界第二大经济体和最大的发展中国家，中国不仅需要满足将近 14 亿人口的吃饭问题，还需要同时实现保护生态环境，实现社会、经济和环境的可持续发展。在世界农产品需求持续上升、国际贸易环境不确定性增大的背景下，中国提出农业绿色发展，既是自身发展的需要，也是作为负责任大国对国际社会推进可持续发展的积极响应，将为其他国家尤其是发展中国家贡献中国智慧，对实现全球可持续发展目标具有重大意义。

四、以“两山”理念为指导推进农业农村绿色发展

习近平新时代中国特色社会主义思想是马克思主义中国化的最新成果，其中有关农业绿色发展的重要论述，既对农业绿色发展提出了明确的目标要求，也是我们推动工作的行动指南，对于实践具有重要的指导意义。下一步，要在观念和行动上坚决贯彻习近平新时代中国特色社会主义思想，以绿色发展引领乡村振兴，在乡村振兴的总体战略中推进绿色发展，确保农业农村现代化的全面实现。

（一）要转变观念，正确处理发展与保护的关系，全面提升农业绿色发展的战略定位

“生态就是资源，生态就是生产力”，要牢固树立“绿水青山就是金山银山、保护生态就是保护生产力”的观念。针对农业生产，从要保产量到保产能转变；针对农业污染和生态破坏问题，要逐步还旧账、杜绝欠新账；保护农村生态环境，不仅要算经济账，也要算环境账，更要算政治账；要杜绝经济搞上去、环境降下来，更要避免环境好起来、农民穷下去。要细化农业绿色发展评价指标，将其纳入政绩考核。对推进农业绿色发展取得显著成效的地方，在有关项目和资金安排上可以予以倾斜。对落实农业绿色发展不力，导致相关政策未能及时落地的，建议由国务院组成跨部门的综合督导组，找出政策措施未能落地的原因，对相关部门启动问责机制，确实属于执行不力的，要承担相应的政治责任。

（二）要深入推进农业农村资源环境的全要素、系统性保护

当前，在推进绿色发展的过程中，一些项目和措施并不绿色。有些

地方在治理耕地污染时，忽视了农田生态系统的保护；有些地方在承接产业转移时，考虑了耕地纳污资源，却没有考虑水资源不足等环境约束；有些污染治理工程，减少了水污染，却增加了大气污染；有些地方关停了污染产业，却未充分考虑农民生计。推进农业农村绿色发展，要有全局思维和统筹安排，避免顾此失彼。要建立产业转移的环境影响评价制度，并在此基础上探索建立区域间生态补偿制度。

（三）要树立正确的政绩观，避免急于求成

推进农业绿色发展是一项长期而艰巨的任务，不能作为一项运动急于求成。要科学规划长期目标，扎实做好当下工作，在打好各项攻坚战，解决当前突出问题、化解突出矛盾的同时，更要有历史耐心和功成不必在我的胸怀，持续发力，常抓不懈。目前来看，各项工作要取得实质性成就，至少要与乡村振兴战略同步，中期着眼于2035年，远期着眼于2050年。各地各部门无论是在推进农业绿色发展各项工作中，还是对有关工作进行考核评价，都要坚持“既要看速度，也要看增量，更要看质量”的行动原则。

（四）要突出强化农产品质量安全和品牌建设

要持续推进优质、安全、特色农产品的供给，促进农产品供给由主要满足“量”的需求向更加注重“质”的需求转变。农产品是否安全、优质，是检验农业供给侧结构性改革的试金石，对于农业绿色发展而言，具有“一票否决”的作用，如果产品不过关，那么这种发展就称不上成功。

（五）要坚持底线思维，不折不扣保障国家粮食安全和“三农”健康发展

在推进农业绿色发展的具体措施上，要着眼于乡村振兴的总体目标，要以人民为中心，以乡村振兴战略的总体目标为准，将“产业振兴、人才振兴、文化振兴、生态振兴、组织振兴”五个方面统一起来。建议建立农业农村绿色发展负面清单制度，将危害国家粮食安全、不利于“三农”发展、阻碍农业农村优先发展的行为纳入清单，避免一些地方对中央政策的曲解、歪解和选择性落实。

参考文献

[1] 程宝怀，刘晓翠，吴志辉．习近平同志在正定［N］．河北日报，2014-01-02(1).

[2] 韩长赋．大力推进农业绿色发展［N］．人民日报，2017-05-09(12).

[3] 韩长赋．用习近平总书记“三农”思想指导乡村振兴［N］．学习时报，2018-03-28(1).

[4] 韩长赋．新形势下推动“三农”发展的理论指南——深入学习领会习近平总书记“三农”思想［J］．农村工作通讯，2017(5).

[5] 李干杰．以习近平生态文明思想为指导 坚决打好污染防治攻坚战［J］．行政管理改革，2018(11).

[6] 林星，吴春梅．习近平“三农”思想分析——基于十八大以来习近平系列重要讲话精神的解读［J］．华中农业大学学报（社会科学版），2016(4).

[7] 魏琦，金书秦．推进农业绿色发展需要关注四个问题［J］．农村工作通讯，2018(3).

[8] 于法稳．习近平绿色发展新思想与农业的绿色转型发展［J］．中国农村观察，2016(5).

我国农业绿色发展理念内涵日益丰富，农业绿色发展政策也不断完善，农业绿色发展制度的“四梁八柱”已经构建起来，形成了以“控水节水—农药、化肥减量增效—秸秆、畜禽粪便、地膜资源化利用”为核心的农业绿色发展政策体系。在政策指导下，我国农业发展方式更绿，绿色兴农之路越走越宽，逐步走过了农业绿色发展的 1.0 阶段，正在向实现 2.0 和 3.0 阶段奋力迈进。

第七讲
农业绿色转型的政策演进和总体成效

农业的绿色转型是一个较长的过程，从我国农业绿色发展政策演进过程看，经历了从被动到主动、从一维到多维、从运动式到持久战的发展过程。目前，已基本形成了农业绿色发展制度的四梁八柱。

一、政策演进：从问题倒逼到主动求变

相当长一段时间内，我国农业环境保护问题没有得到应有的关注和重视，农业农村甚至一度被视为工业和城市污染的“庇护所”，例如利用工业和城市生活污水灌溉农田，垃圾“上山下乡”等（金书秦、韩冬梅，2015）。2010 年 2 月，《第一次全国污染源普查公报》向社会公布，显示农业污染物排放量占到了社会总排放量的 60% 左右，引起了公众对农业面源污染的极大关注，农业减污逐渐引起社会的重视。2010 年以来，毒豇豆、毒韭菜、毒生姜、镉大米等食品安全事件相继发生，引起社会巨大反应，与之密切相关的农业化学投入品、农产品产地环境污染等问题也陆续进入公众视野。

2013 年前后，中国环境危机爆发较为集中，社会对环境保护工作不力的不满情绪几乎到最高点，其主要原因是 2008 年以后，奥运期间一些临时性减排措施和机制退出，加上各地经济继续保持快速增长，环境保护工作一度出现“开倒车”的现象。与此同时，在农业领域也发生了一些重大事件，直接推动了农业环境污染治理政策的里程碑式进展。2013 年 3 月，上海黄浦江松江段出现了死猪漂浮事件，上万头死猪被打捞处理，上海作为中国经济最发达的地区，此事件触及了公众对环境污染的容忍底线。同年 11 月，国务院审议通过《畜禽规模养殖污染防治条例》，并于次年 1 月 1 日正式实施，这是针对农业污染领域的第一部国家级行政法规，酝酿、起草过程长达 10 余年，可以说，“黄浦江漂死猪”事件直接加速了立法进程。2015 年 4 月，国务院发布了《水污染防治行动计划》（简称“水十条”），规定了畜禽养殖禁养区，要求禁养区内的畜禽养殖场进行关闭或搬迁，新建规模化畜禽养殖场具备雨污分流、粪便污水资源化利用能力。2013 年 5 月，广州市食品药品监督管理局公布 2013 年一季度广州餐饮环节抽检结果为“大米及米制品镉含量超标率达 44.4%”，此事经新华社、《财新周刊》等媒体报道后一度引发社会恐慌。2014 年 4 月，《全国土壤污染状况调查公报》向社会公布，数据显示我国耕地土壤质量不容乐观，点位超标率达到 19.4%，主要污染物为镉、镍、铜等。污染事件加上官方信息披露，使土壤污染问题进入公众视野和决策议程。国家开始酝酿重大行动并加快立法进程。2016 年 5 月，国务院发布了《土壤污染防治行动计划》（简称“土十条”），2018 年《土壤污染防治法》通过全国人大审议，并于 2019 年 1 月 1 日正式生效。

党的十八届五中全会正式提出绿色发展理念，确立绿色发展是新发展理念的五大理念之一的地位，加快推进顶层设计和制度体系建设（王一鸣，2020），绿色发展理念渐入人心。在强化农业治污的同时，农业绿色转型也同步展开。2015 年 2 月，原农业部印发《到 2020 年化肥使用量零增长行动方案》和《到2020年农药使用量零增长行动方案》，提出2020年主要农作物化肥、农药使用量实现零增长目标。同年4月，原农业部出台了《关于打好农业面源污染防治攻坚战的实施意见》，明确提出了农业面源污染防控的“一控两减三基本”目标，拉开了农业领域系统化、纵深化开展污染治理和环境保护的序幕。同年5月，经国务院同意，原农业部、国家发展改革委等8部门联合印发了《全国农业可持续发展规划（2015—2030年）》，提出建设100个左右国家农业可持续发展试验示范区。同年10月，党的十八届五中全会明确提出“创新、协调、绿色、开放、共享”的新发展理念，向全社会释放了绿色转型的信号。2016年中央一号文件设置《加强资源保护和生态修复，推动农业绿色发展》专章，首次在官方文件中使用“农业绿色发展”一词。同年2月，《关于加快发展农业循环经济的指导意见》印发，提出要引导农业投入品科学施用，优化配置肥料资源，合理调整施肥结构，大力推进有机肥生产和使用，扩大测土配方施肥规模。同年10月，国务院印发《全国农业现代化规划（2016—2020年）》，提出“绿色兴农”的理念，将“补齐生态建设和质量安全短板，实现资源利用高效、生态系统稳定、产地环境良好、产品质量安全”作为农业绿色发展的要求。2017年9月，中共中央办公厅、国务院办公厅印发《关于创新体制机制推进农业绿色发展的意见》，这是以党中央国务院名义印发的第一个以农业绿色发展为主题的文件，是指导农业绿色发展的纲领性文件，习近平总书记在主持审议该意见时指出：“推进农业绿色发展是农业发展观的一场深刻革命。”自此，官方话语体系正式确立了“农业绿色发展”的主流地位，并逐步替代了“农业可持续发展”的提法，原来的“国家农业可持续发展试验示范区”也更名为“国家农业绿色发展试点先行区”。其后，以绿色生态为导向的农业绿色发展支持政策朝着体系化方向不断发展和完善，从污染防治到绿色高质量发展，不断满足人民日益增长的美好生活需要。

2018 年是农业绿色发展目标逐渐从污染防控向农业高质高效转变的重要年份。2018 年，中央一号文件全面部署实施乡村振兴战略，其中提出加强农业面源污染防治，开展农业绿色发展行动。同年 9 月，《乡村振兴战略规划（2018—2022 年）》发布，提出了包括生态振兴在内的五大振兴任务，并且提出以绿色发展引领乡村振兴。此外，《关于全面加强生态环境保护坚决打好污染防治攻坚战的意见》《农业农村部关于深入推进生态环境保护工作的意见》《农业农村污染治理攻坚战行动计划》相继发布，进一步提出打好农业农村污染治理攻坚战提出了“一保两治三减四提升”的目标。2019 年，《国家质量兴农战略规划（2018—2022 年）》印发，提出以绿色发展引领质量兴农，推进农业投入品减量化、生产清洁化、废弃物资源化、产业模式生态化，促进农业农村发展与生态环境保护协调统一；《关于加快推进水产养殖业绿色发展的若干意见》印发，加强顶层设计，全面推进水产养殖业绿色高质量发展。

2020 年，碳达峰、碳中和重大战略目标的提出，将绿色发展战略提升到新的高度，以低碳农业为抓手的绿色发展协同成为农业领域落实“双碳”目标的重要担当。2021 年中央一号文件提出推进农业绿色发展，实施国家黑土地保护工程，持续推进化肥农药减量增效，加强畜禽粪污资源化利用，加强农产品质量和食品安全监管，发展绿色农产品、有机农产品和地理标志农产品，试行食用农产品达标合格证制度，推进国家农产品质量安全县创建。同年 4 月，中共中央办公厅、国务院办公厅印发了《关于建立健全生态产品价值实现机制的意见》，从制度层面破解绿水青山转化为金山银山的瓶颈制约，将“两山”理念落实到实践操作层面，引导和倒逼形成绿色发展方式、生产方式和生活方式。同年 9 月，农业农村部等 6 部委联合印发《“十四五”全国农业绿色发展规划》，这是我国首部农业绿色发展专项规划，对“十四五”农业绿色发展工作做出系统部署和具体安排。2022 年一号文件明确提出，研发应用减碳增汇型农业技术，探索建立碳汇产品价值实现机制，通过碳汇这个有形的市场，将农业农村的生态价值进行量化、交易、变现，为生态产品价值实现指出了“破题之道”，为农民增收注入“源头活水”。

二、总体成效：从减量治污到减排固碳

党的十八大以来，各地区各部门坚定不移贯彻落实绿色发展理念，凝聚起推动生态文明建设的共识和合力，扎实有力地将政策转化为具体的实践行动，以“不欠旧账逐步还新账”的思路，围绕资源环境节约、化学投入品减量、废弃物资源化利用、农业绿色低碳化等关键环节和重点领域，在农业减污降碳方面取得的成绩有目共睹。

（一）资源保护与节约利用水平不断提高

农业资源保护与节约利用是农业绿色发展的重要内容，我国在耕地资源保育、农业高效节水方面取得了积极进展。在耕地资源保育方面，通过高标准农田建设、东北黑土地保护利用综合示范、土壤污染管控与修复、秸秆还田、有机肥替代化肥、轮作休耕、深松深耕和重金属污染防治等技术措施，实施耕地质量保护与提升行动，改善了耕层质量状况，项目区耕地质量有了不同程度的提高。2019 年，全国耕地按质量平均等级为 4.76 等，较 2014 年提升了 0.35 个等级，其中评价为一至三等的耕地面积为 6.32 亿亩，占耕地总面积的 31.24%，面积占比较 2014 年提升了 3.94 个百分点。在农业高效节水方面，采取调整种植结构、严控水资源利用、加强工程建设、推广节水技术、强化用水管理、健全农业水权制度和水价改革等多重手段，农业高效节水取得显著成效。2020 年，全国农业用水总量约 3612.4 亿立方米，占全国用水总量的 62.14%，比 2010 年减少 76.7 亿立方米。

（二）农业生产过程清洁化水平不断提升

2015年，农业面源污染治理攻坚战正式打响，通过推动农业投入品减量、农作物秸秆综合利用、畜禽粪污资源化利用、废旧农膜回收利用等工作推进农业清洁生产，突破农业资源环境瓶颈。紧紧围绕“一控两减三基本”目标，从化肥减量情况看，扎实开展化肥使用量零增长行动，有机肥替代化肥、测土配方施肥、化肥减量增效技术示范等工作持续推进，有效提高化肥利用效率。“十三五”期间，中央财政每年安排7亿元开展测土配方行动。2017年化肥使用量实现负增长，提前三年实现了“十三五”化肥使用量零增长的目标，这是一个历史性的重要转折。2020年，我国施肥总量下降至5250.7万吨，较2015年下降771.9万吨，降幅12.8%（金书秦等，2022）；有机肥施用面积超过5.5亿亩次，比2015年增加约50%；三大粮食作物化肥利用率为40.2%，比2015年提高5个百分点。从农药减量情况看，大力推进农药减量增效行动，实施植保工程，开展“百万农民科学安全用药培训”活动，增效被列入粮食安全省长责任制和农业现代化发展考核指标体系。2020年，首批创建94个绿色防控示范县；全国绿色防控面积近10亿亩；主要农作物病虫害绿色防控覆盖率达到41.5%；农药（制剂）使用量131.3万吨，比2015年以来减少47万吨，连续5年负增长；三大粮食作物农药利用率、病虫害统防统治覆盖率分别为40.6%、41.9%，比2015年分别提高4个百分点和8.9个百分点。从秸秆综合利用情况看，一方面，在源头上加强农作物秸秆禁烧管控工作。2020年全国秸秆焚烧火点数为7635个，较2015年减少30%。另一方面，积极开拓农作物秸秆综合利用渠道。2020年，全国农作物秸秆综合利用率为87.60%，比2015年提高7.49个百分点，全国农作物秸秆“五料化”利用量为6.33亿吨，其中肥料化、饲料化、燃料化、基料化、原料化利用量占比分别为70.93%、17.54%、9.64%、0.79%、1.11%。2016—2020年，中央财政累计投入86.5亿元支持秸秆综合利用，在684个县开展秸秆利用重点县建设，推动全国约3000个县级单位开展秸秆资源台账建设，试点开展秸秆利用补偿制度创设。从畜禽粪污资源化利用情况看，实施畜禽粪污资源化利用整县推进项目，实施果菜茶有机肥替代化肥行动，实施畜禽粪污重金属残留检测项目，选择12个县开展以肥还田利用为重点的农业绿色发展综合试点。“十三五”期间，中央财政累计安排296亿元支持畜禽粪污资源化利用，实现了585个畜牧大县整县治理全覆盖，2020年全国畜禽粪污综合利用率为76%，比2015年提高16个百分点。从废旧农膜回收利用情况看，农膜管理制度不断健全，全链条监管体系日趋完善。2020年，我国农膜使用量为238.9万吨，农膜回收率为80%，比2017年提高20个百分点。“十三五”期间，我国以西北地区为重点区域，重点扶持建设回收加工企业400余家、回收网点3000余个，创建了100个地膜回收示范县；在甘肃、新疆选择4个县探索建立“谁生产、谁回收”的地膜生产者责任延伸制度试点；在西北地区6个县开展了农膜回收区域补偿制度试点；推进500个农膜残留国控监测点建设，基本实现了农业面源污染监测的常态化和制度化推动政策体系建设。

（三）“双碳”目标带动农业绿色发展升级

全球气候变化挑战愈发引起社会各界高度关注，而农业部门作为重要的温室气体排放源的同时，也是国民经济中唯一创造碳汇的部门，因有能力补偿自身和其他部门不可避免的碳排放（谢华玲等，2022），在实现“3060”碳达峰碳中和目标的进程中具有极大的体量和不可忽视的影响（李劼、徐晋涛，2022）。近年来，在农业绿色转型升级过程中，农业绿色低碳发展理念渐入人心，化肥减量增效、秸秆综合利用、畜禽粪污资源化利用以及农机节能减排等系列行动方案相继出台并陆续实施，在一定程度上减少了农业碳排放（王学婷、张俊飚，2022）。从排放总量看，我国农业碳排放经历了平稳增长、快速增长、趋于平稳达峰的过程，

2016 年农业总碳排放量达到 8.85 亿吨后，连续两年保持下降趋势至 2018 年的 8.7 亿吨。从排放强度看，我国农业碳排放强度从 1978 年的 40 吨 / 万元降至 2000 年的 5 吨 / 万元，此后逐步降至 2018 年的 1.29 吨 / 万元。从排放结构看，由于化学投入品减量、废弃物综合利用等取得明显成效，我国来自种植业、养殖业的碳排放量持续下降，但因农业机械化导致的能源消耗成为碳排放的重要来源（金书秦等，2021）。与此同时，由于科学的田间管理，农业的碳汇潜力也得到不断释放。

相较于传统以治污减排为主的管理手段，当前以减排固碳为抓手的发展模式更加具有全面性、系统性、综合性，并将农业的碳排放和碳汇功能统筹考虑，是农业绿色发展的升级版。在新发展格局下，要进一步发挥好“双碳”目标导向作用和农业绿色发展的支撑作用，推动我国农业绿色高质量发展。

参考文献

[1] 金书秦，韩冬梅．我国农村环境保护四十年：问题演进、政策应对及机构变迁[J]. 南京工业大学学报（社会科学版），2015(2)：71-78.

[2] 金书秦，李颖，胡浚哲．农业碳减排的技术与政策[J]. 开放导报，2021(6)：97-104.

[3] 金书秦，张惠，张哲晰，等．“十三五”化肥使用量零增长行动评估及政策展望[J]. 环境保护，2022(5)：31-36.

[4] 李劼，徐晋涛．我国农业低碳技术的减排潜力分析[J]. 农业经济问题，2022(3)：117-135.

[5] 王学婷，张俊飚．“双碳”战略目标下农业绿色低碳发展的基本路径与制度构建[J]. 中国生态农业学报（中英文），2022(4)：516-526.

[6] 王一鸣．百年大变局、高质量发展与构建新发展格局[J]. 管理世界，2020(12)：1-13.

[7] 谢华玲，迟培娟，杨艳萍．“双碳”战略背景下主要发达经济体低碳农业行动分析[J]. 世界科技研究与发展，2022(5)：605-617.

“十三五”期间，通过调整种植结构、提高用肥效率，全国范围实现了施肥总量和施肥强度连续5年下降，施肥结构更趋合理，但个别省份也存在施肥总量提高、施肥强度降低压力大等问题。“十四五”期间，要坚持以保障国家粮食安全为底线，以“双碳”目标为引领，突出面源污染治理重点；在具体举措上，要强化顶层设计、不断构建和完善制度体系，加强科技引领、推动化肥全链条绿色化，完善监测机制、建立健全农业资源环境台账，多措并举推进化肥减量增效，加快实现农业绿色高质量发展。

第八讲
化学投入品减量：以化肥为例[①]

化肥是我国农业现代化进程中重要的物质资料。化肥投入对保障重要农产品有效供给、提升粮食安全保障水平起到了关键作用。我国仅用全球8%的耕地生产了世界21%的粮食，但背后的投入是占全球35%的化肥消耗量。数据表明，1979—2015年，我国化肥使用量从1086.0万吨增加到6022.6万吨，年均增长4.9%。过度使用化肥不仅增加了种植成本，还易造成生态环境恶化和食品安全事件频发问题。提高农产品品质，改善土壤生态环境，破解农业增效、农民增收难题，必须实实在在推进化肥减量增效。自2015年《到2020年化肥使用量零增长行动方案》（以下简称“化肥零增长”）施行以来，我国化肥使用量在2016年首次实现零增长，之后呈逐年下降的趋势，而粮食总产量依然在逐年增加，“减肥”增效成效显著。2018年，化肥零增长目标由“零增长”将进一步升级到“负增长”。“十三五”时期，国家加快集成推广化肥减量增效绿色高效技术模式，大力推广测土配方施肥技术、果菜茶有机肥替代化肥、调减种植玉米面积等“减肥”措施，进一步优化施肥结构，改进施肥技术，提高

① 金书秦，张惠，张哲晰，等：“‘十三五’化肥使用量零增长行动评估及政策展望”，《环境保护》，2022年第5期，第31-36页。

化肥利用率。2020 年，我国三大粮食作物化肥利用率较 5 年前提高 5 个百分点，达 40.2%。本部分以 2015 年为基期，利用《中国统计年鉴》《全国农产品成本收益资料汇编》等公开数据，评估国家层面及省级层面化肥零增长行动效果，并深入分析重点省份和区域的化肥施用减量原因，最后结合持续推进化肥减量增效的形势提出相关政策建议。

一、“十三五”期间施肥总量、强度和结构变化

（一）全国施肥总量和强度连续 5 年下降，施肥结构不断优化

2020 年，我国施肥总量实现连续 5 年减少，较 2015 年下降 771.9 万吨，下降至 5250.7 万吨（见图 8-1），降幅为 12.8%。“十三五”时期较“十二五”时期化肥使用量累计减量达到 1322 万吨。全国施肥强度也有所下降。2020 年，全国单位播种面积平均施肥强度为 313.51 千克 / 公顷，比 2015 年降低 56.38 千克 / 公顷，降幅达 15.24%；2020 年，全国单位耕地面积平均施肥强度为 410.67 千克 / 公顷，较 2015 年下降 7.95%。

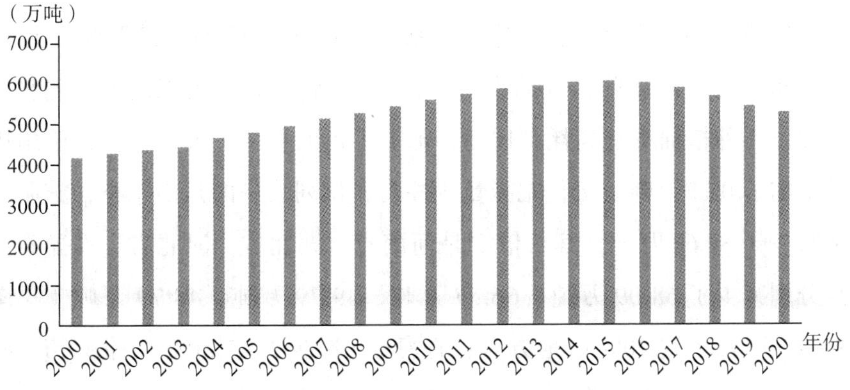

图 8-1　2000—2020 年我国化肥施用总量

数据来源：《中国统计年鉴》。

从全国农用化肥施用结构变化趋势来看，我国化肥施用结构呈现出明显的减氮特征。2000—2020 年，全国氮肥投入量占比从 52% 下降至 35%，磷肥从 17% 下降至 13%，钾肥从 9% 上升至 10%，复合肥从 22% 上升至 42%（见图 8-2）。

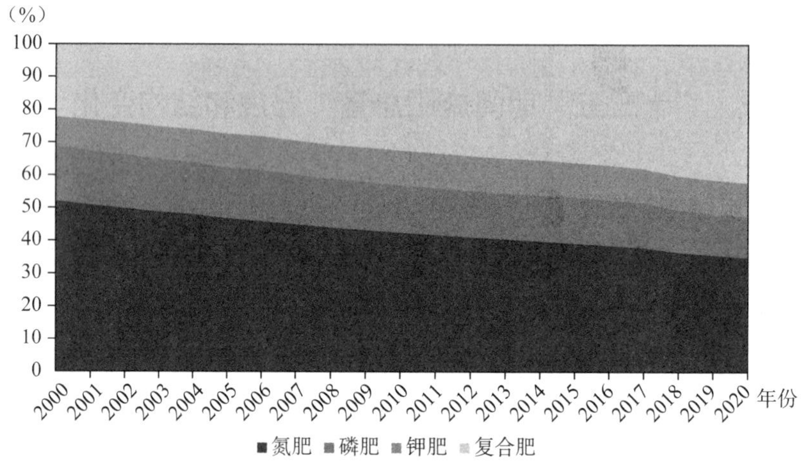

图 8-2　2000—2020 年我国化肥施用结构变化图

数据来源：历年《中国统计年鉴》。

（二）绝大多数省（区、市）施肥总量下降，个别地区施肥强度上升

2020 年，除新疆以外的省（区、市），施肥总量表现出下降趋势。新疆由于种植棉花等高耗肥作物，加上种植面积的扩大，导致化肥施用量增加了 0.11 万吨。按化肥减量规模看，位列第一的是山东省，施肥总量减少了 82.60 万吨，其后依次是河南省、湖北省、河北省、安徽省，其分别减少了 68.09 万吨、66.57 万吨、49.79 万吨、48.79 万吨（见图 8-3）。减幅超过 20% 的地方有：青海省（减少了 45.71%）、北京市（减少了 42.07%）、上海市（减少了 30.44%）、天津市（减少了 29.75%）、西藏自治区（减少了 27.03%）、江西省（减少了 24.22%）、贵州省（减少了 24.00%）、浙江省（减少了 20.48%）。

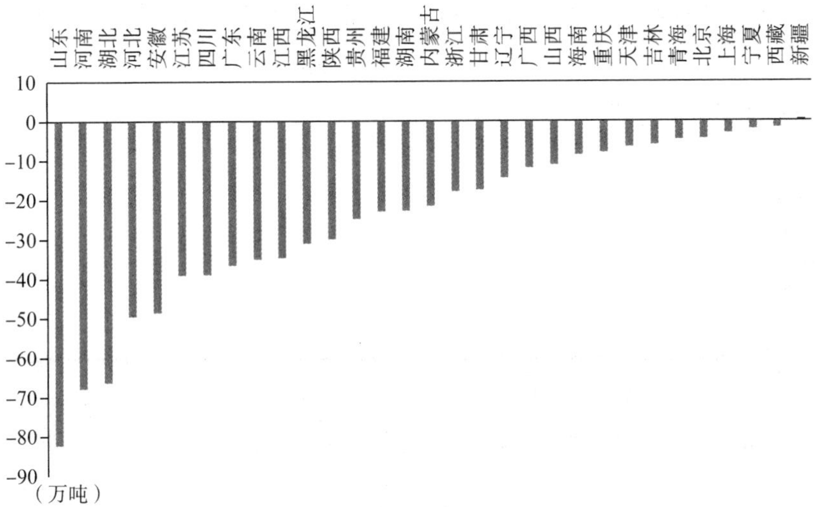

图 8-3 2020 年各省（区、市）施肥总量增减情况（以 2015 年为基准）

数据来源：《中国统计年鉴》。

尽管施肥强度总体偏高，但多数省（区、市）施肥强度呈下降趋势。2020 年，全国平均施肥强度（以播种面积为基数）比国际公认的施肥强度安全上限高 39.34%，达 313.51 千克 / 公顷。其中，海南省位列第一，为 629.34 千克 / 公顷；青海省施肥强度最低，仅为 96.25 千克 / 公顷。以耕地面积为基数的施肥强度则普遍更高，其中，排名前三的分别是广东省、福建省和海南省，施肥强度分别为 1155.69 千克 / 公顷、1081.55 千克 / 公顷、874.92 千克 / 公顷；最低的是青海省，为 97.48 千克 / 公顷（见图 8-4）。

与 2015 年相比，全国有 27 个省（区、市）施肥强度下降，4 个省（区、市）施肥强度上升①。施肥强度降幅较大的省（区、市）依次是：天津市、青海省、湖北省、西藏自治区、山东省、内蒙古自治区，分别下降 99.39 千克 / 公顷、85.16 千克 / 公顷、84.64 千克 / 公顷、76.83 千克 / 公顷、70.55 千克 / 公顷、69.23 千克 / 公顷。施肥强度上升明显的省份是

① 为便于表述，下文统一以播种面积为基数分析各省（区、市）的施肥强度变化。

福建省和海南省，分别上升了 86.88 千克 / 公顷和 24.33 千克 / 公顷（见图 8-5）。尽管新疆施肥总量上升，但施肥强度有所下降，较 2015 年下降了 35.69 千克 / 公顷。

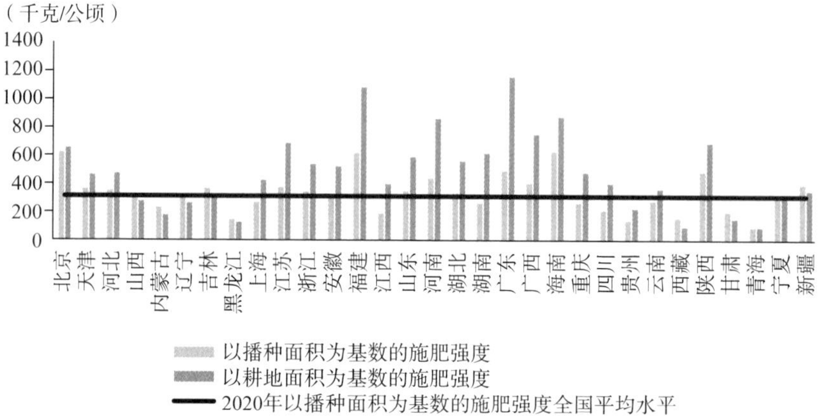

图 8-4　2020 年各省（区、市）施肥强度

数据来源：《中国统计年鉴》。

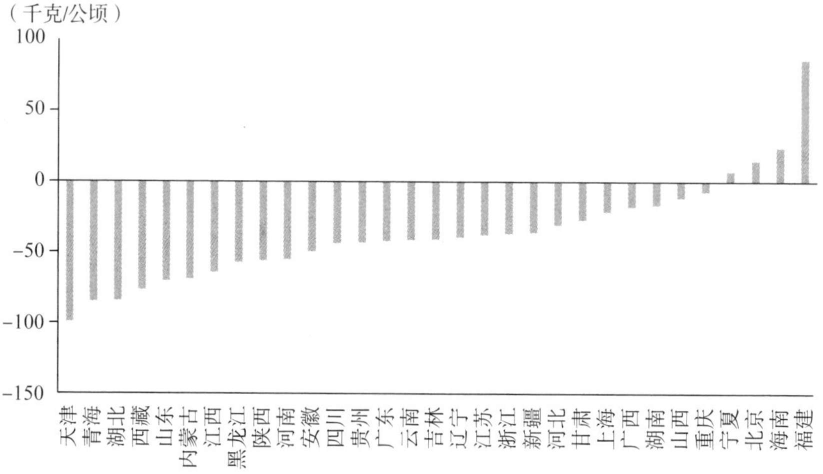

图 8-5　2020 年各省（区、市）施肥强度变化情况（以 2015 年为基准）

数据来源：《中国统计年鉴》。

二、重点流域施肥总量、强度变化情况

长江是中华民族的母亲河，习近平总书记多次就长江保护做出了重要指示批示（金书秦等，2019）。总体而言，长江经济带 11 省（直辖市）均实现了施肥总量和强度的“双减”，其中，湖北省的施肥总量减少最多，为 66.57 万吨；青海省的施肥强度减量最多，为 85.16 千克 / 公顷。将各省（区、市）施肥总量和强度变化率与全国平均水平比较发现，青海、西藏、江西、湖北、四川、云南 6 省（区）的施肥总量和强度减量率均高于全国平均水平，而湖南、重庆、江苏 3 省（市）施肥总量和强度减量率均低于全国平均水平。青海省自 2019 年起在全省开展化肥减量增效行动试点，重点推进试点地区有机肥全替代化肥行动，并辐射带动其他地区，2020 年施肥总量较 2015 年减少 45.71%、化肥施用强度较 2015 年下降 46.94%。

黄河流域是我国北方重要的生态屏障和经济地带，在我国经济高质量发展、社会可持续发展和生态全方位发展方面具有举足轻重的作用。2020 年，黄河流域各省（区）施肥总量和施肥强度较 2015 年均有一定程度的减少，仅有宁夏的施肥强度仍有所上升。将各省（区）施肥总量和施肥强度变化率与全国平均水平比较发现，青海、山东、四川、甘肃 4 省的施肥总量和强度减量率均高于全国平均水平，而宁夏、山西、陕西、湖南 4 省（区）施肥总量和强度减量率均低于全国平均水平。内蒙古的播种面积从 2015 年的 7567.9×10^3 公顷增加至 2018 年的 8882.8×10^3 公顷，其施肥减量主要依靠的是施肥强度的降低。宁夏的情况则相反，其施肥减量主要是由于播种面积减少了。

三、化肥减量动因分析

种植结构变化——作物播种面积的改变，以及施肥效率变化——因施肥方式和施肥结构的改变导致施肥强度变化，往往被视为化肥减量的主要动因（金书秦等，2020）。本文以播种面积和施肥强度为主要变量，构建化肥减量动因公式，研判区域和作物视角下化肥减量的成因，如下式：

$$\begin{aligned}\Delta Q &= Q_{2020} - Q_{2015}\\ &= S_{2020}I_{2020} - S_{2015}I_{2015} = (S_{2015}+\Delta S)(I_{2015}+\Delta I) - S_{2015}I_{2015}\\ &= \Delta I \times S_{2015} + \Delta S \times I_{2015} + \Delta S \times \Delta I\\ &= \Delta I \times S_{2015} + \Delta S \times I_{2020} \qquad (1)\end{aligned}$$

其中，Q 表示施肥总量，S 表示播种面积，I 表示化肥施用强度，ΔI 表示 2020 年化肥施用强度较 2015 年的变化量，ΔS 表示 2020 年播种面积较 2015 年的变化量。因施肥强度变化对化肥减量的贡献用 $\Delta I \times S_{2015}$ 表示；因播种面积变化对化肥减量的贡献用 $\Delta S \times I_{2015}$ 表示；因施肥强度和播种面积变化对化肥减量的贡献用 $\Delta S \times \Delta I$ 表示，但考虑到 ΔI 数值较小，将 $\Delta S \times \Delta I$ 并入面积变化的贡献。

（一）主要作物施肥总量增减原因分析

从作物种类来看，“十四五”期间对化肥减量贡献较大的作物依次是玉米、苹果、棉花、甘蔗、烤烟，分别贡献了 93.53 万吨、28.88 万吨、27.85 万吨、24.66 万吨和 10.52 万吨。其中甘蔗施肥总量减少来自种植面积和施肥强度的“双降”，苹果施肥总量减少的主要原因是施肥强度的下降，玉米、棉花、烤烟的施肥总量减少的主要原因则是播种面积的减少。2020 年，全国玉米播种面积较 2015 年减少了 5555.6 万亩（约合 370.4 万公顷），带动化肥减量 93.53 万吨，是减量贡献最大的作物（见图 8-6）。

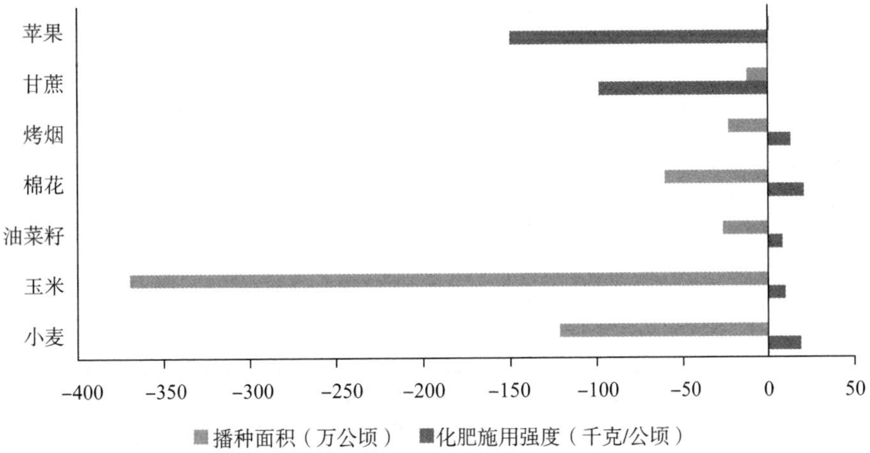

图 8-6　2020 年减量作物播种面积和化肥施用强度变化（以 2015 年为基准）

数据来源：《中国统计年鉴》及《全国农产品成本收益资料汇编》。

（二）主要省（区、市）化肥减量原因分析

2020 年，山东、河南、湖北、河北、安徽、江苏、四川、广东、云南、江西、黑龙江和陕西 12 个省的化肥减量贡献最大（见图 8-7），减量依次为 82.60 万吨、68.09 万吨、66.57 万吨、49.79 万吨、48.79 万吨、39.19 万吨、39.03 万吨、36.66 万吨、35.17 万吨、34.78 万吨、31.11 万吨、30.05 万吨，其他绝大部分省（区、市）也基本实现了化肥减量目标。从减量成因来看，如图 8-8 所示，陕西、云南、广东、江苏、安徽、河北、山东 7 个省的化肥减量是因为播种面积和施肥强度“双降”，其中，山东、安徽、云南的施肥强度下降对全国化肥减量的贡献率较大，分别为 10.08%、5.76%、3.84%。河南、黑龙江、湖北、四川、江西 5 个省化肥减量则是因下降的施肥强度，贡献率分别为 10.33%、9.13%、8.72%、5.5%、4.67%。

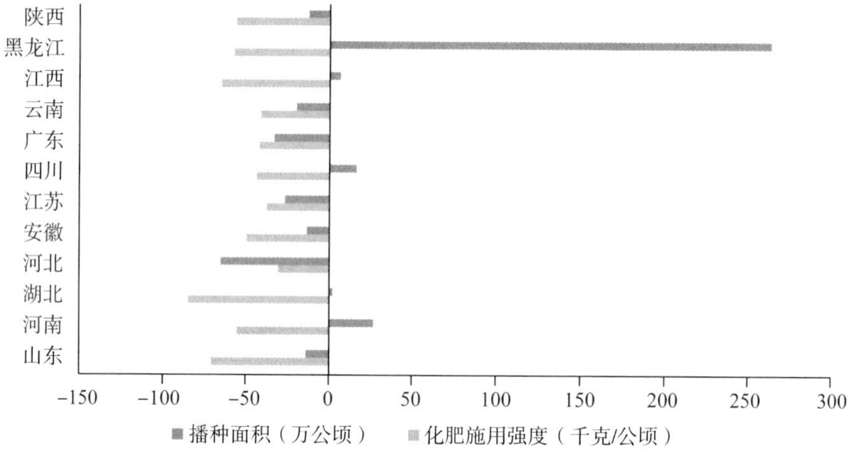

图 8-7 2020 年化肥减量大省的播种面积和化肥施用强度变化（以 2015 年为基准）

数据来源：《中国统计年鉴》和《全国农产品成本收益资料汇编》。

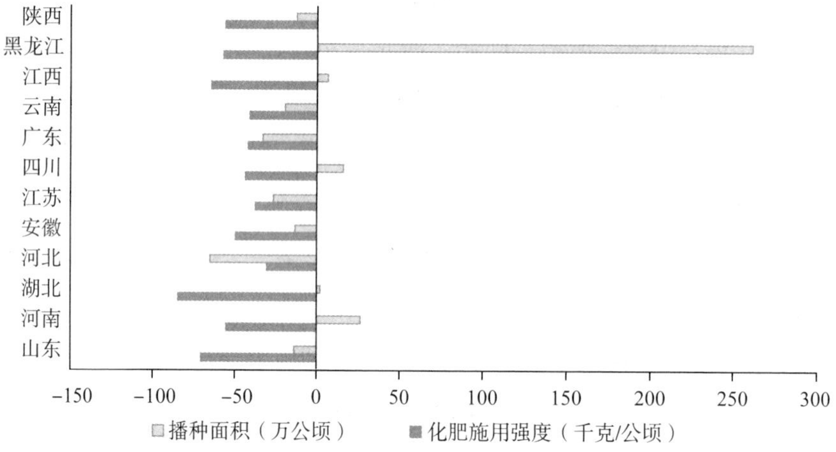

图 8-8 2020 年化肥减量大省的播种面积和化肥强度变化（以 2015 年为基准）

数据来源：《中国统计年鉴》。

（三）持续推进化肥减量增效的形势和政策建议

“十三五”以来，在保障我国粮食连年丰收，产量连续 7 年稳定在 1.3 万亿斤以上的情况下，我国施肥总量实现了连续 5 年减量，2020 年相比

2015 年化肥减量幅度达到 12.8%，5 年累计减少 1322 万吨。绝大多数省（区、市）实现了施肥总量和强度的“双减”。但评估发现，目前化肥减量的主要动因还是作物播种面积的下降，施肥强度仍处于高位。在农业供给侧结构性改革深入推进的背景下，无论是从减少面源污染、改善生态环境的角度，还是从节本增效、推进农业和社会绿色发展的角度来说，我国农业“减肥瘦身”都不可不为。“十四五”期间，我国的化肥减量工作要以保障国家粮食安全为底线，以绿色发展为引领，进一步改进施肥技术和方式，深入推进化肥减量增效。

四、“十四五”推进化肥减量增效的新形势

（一）牢牢守住保障粮食安全底线

粮食生产要稳字当头，要稳政策、稳面积、稳产量。2021 年，中央首次把粮食产量保持在 1.3 万亿斤以上列入经济社会发展的主要预期目标。保障好初级产品供给是一个重大战略性问题。开展化肥零增长行动，首要条件是保障国家粮食安全。这种安全指的不仅是数量的安全，更是质量的安全。2020 年，我国实有耕地面积为 19.12 亿亩（约合 1.27 亿公顷），坚守 18 亿亩（合 1.2 亿公顷）耕地红线面临艰巨挑战。而化肥是粮食的“粮食”，肥料对粮食产量具有 40% ～ 50% 的贡献率，是保障粮食安全不可替代的支撑因素。但同时，面对世界百年未有之大变局，我们必须推进农业绿色可持续发展，确保我国粮食安全的“长治久安”，有效应对粮食安全风险挑战。基于此，“十四五”期间，我国决不能走以牺牲和破坏环境为代价的老路，不能再一味地依靠减少播种面积来达到化肥减量，而要强化施肥效率的提高，着力于降低施肥强度。

（二）面临“双碳”目标新要求

2020 年，我国提出将通过更加有力的政策和措施实现“双碳”目标。

联合国政府间气候变化专门委员会提出，农业等其他土地利用是重要的温室气体排放源，因此，推动农业碳减排是实现“双碳”目标的重要抓手。由于我国耕地面积约占世界耕地面积的8%，人均耕地面积仅为世界平均水平的2/5，农业生产和资源环境矛盾突出，农民不得不通过投入大量化肥促进粮食和农业生产，但也产生了大量的温室气体（金书秦等，2021）。近年来，我国出台了有关化肥减施、有机肥替代化肥等系列文件，通过采取投入减量、绿色替代、循环利用等手段，促进农业绿色发展并取得了明显的成效（高鸣、张哲晰，2022）。但在可预见的将来，资本密集投入的现代农业发展方式对农业碳减排提出了更高的要求（张哲晰、穆月英，2019），要继续用化肥减施、优施思路指导实践，发挥好农业绿色发展对“双碳”目标的支撑作用。基于此，“十四五”期间，我国要坚持系统性思维，通过科技创新减少化肥产业链碳排放量，通过优化田间管理提高化肥利用效率，以“双碳”目标倒逼农业绿色低碳转型。

（三）将面源污染治理作为新重点

治理农业面源污染是擦亮农业绿色之底的首要任务（胡钰等，2021）。“十三五”时期，农业面源污染恶化趋势得到有效遏制，化肥减量增效成效明显。但中央生态环境保护督察多次指出部分地方化肥减量数据失实的问题，农业面源污染物排放仍处高位，缺乏有效的治理模式，长效运行机制尚未建立，化肥减量增效难度较大，与2035年全面建成美丽中国还有较大差距。2021年11月，《中共中央 国务院关于深入打好污染防治攻坚战的意见》印发实施，提出实施化肥农药减量增效行动和农膜回收行动，到2025年化肥农药利用率达到43%，并对农业农村污染治理攻坚战实施成效进行考核，推进农业农村生态环境监测监察执法，加快农村环境监测体系建设，强化农业面源污染监测，对化肥减量提出了明确的要求。

五、“十四五”推进化肥减量增效的政策展望

（一）强化顶层设计，不断构建和完善制度体系

各地应紧紧围绕中央文件精神，把化肥减量作为助力“双碳”目标实现、促进农业绿色发展、实现环境质量持续改善的重要抓手，结合本地实际制定务实管用的制度和政策举措，积极推进化肥减量增效。在管理机制上，强化区域与部门协同，充分有效发挥政策的系统性、整体性、协同性，避免政出多门、执行低效。在执行监督上，明确具体目标任务、重点路径、主要措施、考核机制，在保障粮食安全的基础上，加速有机肥替代化肥，对东部经济发达地区、黄河下游等施肥量偏高地区进行重点削减，提高化肥利用效率，实现“减肥”、节本、增效。

（二）以科技为引领，推进肥料全链条绿色化

在源头上，组织开展绿色高效肥料的研发，推广应用高效、低风险的新型肥料。在过程中，因地制宜指导农民科学施肥，对规模经营的新型农业经营主体和经营能力较低的小农户分类施策，提高化肥利用率；逐步推行定额施肥，集成推广绿色防控模式，构建绿色种植制度，减少化肥投入量；推广少耕免耕技术、绿色生态循环种养模式、农机深耕施肥等方法，通过技术形成对化肥的替代。在末端上，加强耕地污染治理基础研究和前沿技术研究协同攻关，综合土壤污染类型、污染程度和区域代表性，分批开展试点示范，筛选出一批成本低廉、易于操作、成效明显的技术。

（三）完善监测机制，建立健全农业资源环境台账

全面掌握化肥等农资投入底数，是推动化肥减量、促进农业绿色发展的基础性工作。但我国化肥等农资投入存在“家底”不清、数据分散等问题，难以实现对施肥数量、质量和分布的常态化、制度化监管。目前，我国施肥总量仍处高位，利用率较低、流失风险大，导致排污量增加，

农业面源污染压力较大。要着力摸清“家底”，充分利用信息化技术，一方面聚焦秸秆、粪便等农业剩余物的生成情况；另一方面关注化肥、农药等农用物资全产业链的利用和排放情况，完善农业面源污染监测网络，强化监测手段，优化数据输出，为相关环境政策创设提供扎实依据，使化肥减量、农业绿色发展的决策有据可依，成效有据可查。

参考文献

[1] 高鸣，张哲晰．碳达峰、碳中和目标下我国农业绿色发展的定位和政策建议［J］．华中农业大学学报（社会科学版），2022（1）：24-31.

[2] 胡钰，林煜，金书秦．农业面源污染形势和“十四五”政策取向：基于两次全国污染源普查公报的比较分析［J］．环境保护，2021（1）：31-36.

[3] 金书秦，张惠，付饶，等．化肥零增长行动实施状况中期评估［J］．环境保护，2019（2）：39-43.

[4] 金书秦，林煜，牛坤玉．以低碳带动农业绿色转型：中国农业碳排放特征及其减排路径［J］．改革，2021（5）：29-37.

[5] 金书秦，张惠，唐佳丽．化肥使用量零增长实施进展及“十四五”减量目标和路径［J］．南京工业大学学报（社会科学版），2020（3）：66-74+112.

[6] 张哲晰，穆月英．产业集聚能提高农业碳生产率吗？［J］．中国人口·资源与环境，2019（7）：57-65.

地膜对于我国北方地区作物增产发挥了革命性作用，然而由于长期使用超薄地膜、回收不彻底，“白色革命”变成了“白色污染”。地膜污染的痛点在薄，难点在收，堵点在再利用。治理地膜污染，关键在于通过监管消除痛点，建立体系破解难点，拓宽渠道疏通堵点。

第九讲
农业废弃物回收处理：以地膜为例

在本书的最前面我就讲到，土地要覆盖地膜，犹如人冷了要穿衣服。我国北方地区雨水少、积温低，露天情况下许多作物都种不了。20 世纪七八十年代，地膜覆盖技术从日本传入我国，可以说是给我国西北地区带来了一场“白色革命”，对当地贡献了超过 30% 的粮食增产，并逐渐蔓延到东北、华北，乃至全国。近年来全国农膜年使用总量在 250 万吨左右，其中地膜约 140 万吨，地膜覆盖面积近 3 亿亩，是世界上农用塑料薄膜使用量最大的国家。

技术是把双刃剑。由于长年使用且不易回收，大量农膜残留在农田对土壤和周围环境造成了严重污染。2014 年全国农业工作会议提出，到 2020 年中国废旧农膜回收率基本达到 80% 的目标；2018 年地膜新国标正式实施；2019 年农业农村部、国家发展改革委等 6 部门联合印发《关于加快推进农用地膜污染防治的意见》；2020 年农业农村部、工业和信息化部等 4 部门联合印发《农用薄膜管理办法》；2021 年农业农村部、国家发展改革委等 6 部门联合印发《“十四五”全国农业绿色发展规划》，要求 2025 年废旧农膜回收率达到 85%。解决好农田地膜污染，是保护耕地质量、推进农业绿色发展的重要举措，日益受到国家和社会各界的关注。

近年来，国际社会对塑料污染治理也高度关注。为了遏制“白色污染”蔓延，国际上不约而同地展开了“限塑”甚至“禁塑”之战。2021 年联合国粮食及农业组织发布《农业塑料及其可持续性评估：行动呼吁》报告，呼吁要加强农业塑料污染治理，特别是地膜污染治理。2022 年 3 月 2 日，第五届联合国环境大会续会通过了《终止塑料污染决议（草案）》，强调要将塑料的生命周期管理从线性模式转变为循环模式，终结一次性塑料制品的生产和使用。

一、为什么会产生地膜污染

纵观地膜污染，最根源在一个“薄”字。长期以来，我国聚乙烯（PE）地膜生产采用的是1992年出台的“双零八”标准，即0.008毫米的厚度标准，在抗老化性与耐候性方面也相对较差。在多部门的联合推动下，地膜新国标于 2018 年 5 月正式实施，该标准提高了地膜厚度、力学性能及耐候性能，厚度要求不得低于 0.010 毫米。但由于市场监管不严，生产企业为迎合农户降低生产成本的要求，仍有大量不达标的超薄地膜充斥市场，增加了回收的难度。

为什么有国标，市场上还能买到超薄膜？一方面，农民有需求。调研中发现，同样重量的一卷地膜，不达标的超薄膜更受农民欢迎，价格甚至比达标的还要贵。为什么？因为农膜是按重量卖的，一卷 10 千克的农膜，厚度为 0.01 毫米，延展 800 米，可以覆盖 2.5 亩，摊到每亩地的成本是 60 元；如果厚度是 0.006 毫米，延展就超过 1200 米，可以覆盖 4 亩地，每亩地的成本就降到 40 元。农民当然要用薄的。另一方面，地膜生产门槛低，监管难度大。一台吹塑机 10 万～ 20 万元，稍微有点场地就能开始生产，一年就能回本甚至盈利。很多小作坊甚至不进行工商登记，其生产的产品并不进入门店销售，通过网络或电话“点对点”快递给农户，或直接送到田间地头，因此也就未进入监管视野。还有部分企业虽然有正式的工商注册，但不执行国家农膜标准，采用企业自有标准，标明是“非农用薄膜”以逃避监管，但实际上却卖给了农民，进入了农田。农膜一薄，许多问题就随之而来，为废膜捡拾、再利用制造了障碍。

2021 年，为探索地膜污染治理方式，研究团队与德国国际合作机构（GIZ）在内蒙古自治区开鲁县开展了农膜生产者责任延伸试点，为摸清本地情况，项目团队开展了农户问卷调查，在一个项目试点村和两个邻近的对照村收回有效问卷 122 份，其中试点村福盛号村 56 份，两个对照村金宝屯村、高井子村分别为 35 份、31 份。

当地主要覆膜作物为红干椒，覆膜时间集中在 4—5 月，其中 5 月覆膜的农户占 85.47%，4 月覆膜的农户占 12.82%。农户购买地膜的渠道主要为乡村农资店，占 84.03%，农膜生产商或经销商送货上门占 15.13%。覆膜主要采用机械的方式，98% 的农户使用机械覆膜，其中自有机械覆膜和租用机械覆膜基本各占 50%。三个村的地膜覆盖比例平均为 50.1%，亩均地膜投入量和亩均地膜成本分别为 4.3 千克和 45.9 元，户均地膜投入量和户均地膜投入总成本分别为 149.7 千克和 922.3 元。在地膜质量上，尽管新国标已经实施了两年多，但近 70% 的农户仍然使用厚度 0.010 毫米以下的不达标地膜（见图 9-1）。

从调研来看，农户普遍意识到地膜残留的危害。87% 的农户认为地膜残留会影响作物生长、造成作物减产，比较认同的危害还包括污染农田及周边环境、降低耕地质量、影响耕作进而增加生产成本，选择比例分别为 72%、61%、54%。受调查的农户中 97% 的农户都采取了机械或人工方式回收，但是回收率仅有 50.9%。最主要的原因就是地膜太薄易碎，另外，一个与当地实际紧密相关的原因是回收的时间。当地红干椒的集中收获时间为 11 月，而由于冬季气温太低，且农户回收残膜的时间主要集中在 4 月和 5 月，紧挨下季度播种时间，中间形成一个较长的地膜留田期，导致地膜破碎化程度加大，回收难度增大。据当地农户介绍，如果不是有政府补贴项目，残膜的市场价值几乎为零，处理方式主要是填埋或焚烧、堆置田间路边地头。

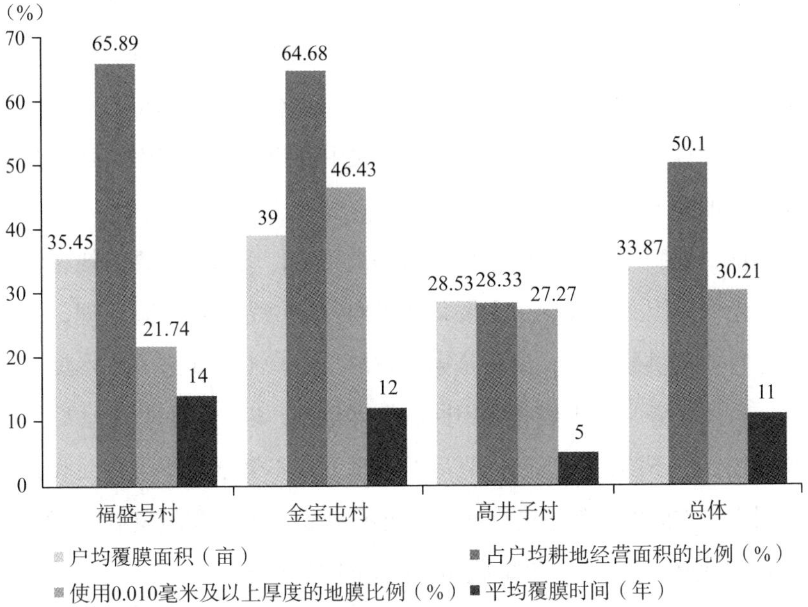

图 9-1　调研村地膜使用情况

数据来源：作者根据相关资料整理、绘制。

二、如何治理地膜污染

2020 年我国农膜回收率已经达到 80%，但是仍要看到，我国地膜污染的形势依然严峻，存量污染尚存，增量污染仍在继续，并且在实际工作中还存在“回收就是为了再利用”“延伸生产者责任就是要求生产者自己回收”等认识误区，因此迫切需要凝聚共识，抓住重点打好攻坚战。

（一）当前的首要任务是离田

保护耕地质量是地膜污染防治的首要目标。2005 年实施的《中华人民共和国固体废弃物污染环境防治法》和2012年修订的《中华人民共和国农业法》都明确规定要“合理使用农膜，防治农用地的污染、破坏和地力衰退”，突出强调了保护耕地这一核心目标。2017年中共中央办公厅、国务院办公厅印发的《关于创新体制机制推进农业绿色发展的意见》提出，到2020年要实现农膜回收率达到80%以上、2030年全面实现资源化利用，这从时间要求上也体现出先回收后利用的目标要求。2018年通过的《中华人民共和国土壤污染防治法》，也将农用薄膜回收和使用控制作为土壤污染防治的重要手段。

当前，地膜污染防治的主要矛盾是离田难，离田后是否方便再利用则是次要矛盾。因此，在认识上要将地膜回收定位为农田污染治理，而不是为再生行业提供原材料，离田是第一位的。未来工作要进一步聚焦离田回收这一首要任务，完善残膜离田回收管理机制，以离田回收带动后续的资源化利用，绝不能因为当前回收后的处理方式不健全就不进行回收，也不应该因为回收成本高就不进行回收，更不能坐等可降解地膜时代的到来。

（二）强化源头监管是地膜污染防治的关键一招

地膜质量标准过低且执行不严是我国地膜残留污染问题突出的重要原因。长期以来，我国聚乙烯地膜生产采用的是1992年出台的“双零八”标准，即0.008毫米的厚度标准，在抗老化性与耐候性方面也相对较差。另外，由于市场监管不严，生产企业为迎合农户降低生产成本的要求，大量不达标的超薄型地膜充斥市场，极大地增加了回收的难度。在多部门的联合推动下，地膜新国标已于2018年5月正式实施，该标准提高了地膜厚度、力学性能及耐候性能，厚度要求不得低于0.010毫米。这是目前塑料行业的唯一强制标准，为地膜回收提供了源头保障。新国标实施后，市场上的地膜质量有了明显提高，劣币驱逐良币现象仍然存在，一些生产不达标地膜的小型生产企业逐渐扩大规模，而一些生产达标地膜的大型企业却纷纷出现亏损。

因此，在责任落实上要加快完善地膜市场监管机制。只有源头质量监管到位了，后续的回收和再利用才具有坚实的基础。地膜市场的监管涉及工信、市场监管、农业农村、生态环境等多个部门，需突出做好部门间的协调，逐步建立规范的监管机制，定期开展联合督查，对地膜生产企业、经销市场、使用农户等多个主体进行检查，特别是加强对微小型生产企业的监管，严禁超薄地膜的生产、销售和使用。鉴于超薄地膜的使用与农田污染具有直接的关联，建议在环保督查中，针对地膜生产企业，不仅要督查其污染治理设施配备和运行情况，还要重点督查其产品质量，对于质量不达标的生产企业，等同于污染处理不达标进行处罚。

（三）各方责任共担是地膜污染防治的内在要求

按照受益者补偿和污染者付费的原则，加强地膜污染防治需要政府、生产企业、农户多方合作，而不是仅由政府或企业单方面承担责任。

1. 生产企业需分担残膜离田回收的经济责任

作为地膜的生产者，企业从行业发展中获得了一定的经济利润，需要突出其在地膜污染防治中的经济责任，即除了要生产出符合国家质量标准的地膜外，还要为残膜治理提供部分资金支持。相关研究表明，生产者责任延伸制度在地膜回收中具有很强的适用性，通过实施地膜生产者责任延伸机制，可以激励企业源头改进生产工艺，末端推进残膜回收和资源化利用，从全产业链的视角探索污染防治办法，并提升资源利用效率，而且生产企业数量比农户数量相对要少，政府监管成本更低。2017年以来，甘肃广河等地开始探索“谁生产、谁回收”的地膜生产者责任延伸机制，在政策支持下，试点县区的地膜回收率得到了显著提升，2018年回收率已基本超过80%。需要指出的是，延伸地膜生产者的责任，并不必然要求生产者自己承担具体回收的行为责任，可以委托销售商、回收加工企业等第三方进行回收。因此，要以压实生产者的经济责任为重点，进一步扩大试点范围，鼓励行业协会和生产企业组建回收联盟，探索缴纳废弃处理基金、押金返还、以旧换新等多元化的地膜生产者责任延伸制度实践形式。

2. 农户需承担残膜离田的行为责任

农户是地膜的使用者，直接决定是否使用以及使用哪种地膜，农户在地里劳作时顺手把地膜回收离田的边际成本也相对较低。《中华人民共和国土壤污染防治法》明确规定，对未按照规定及时回收农用薄膜的使用者个人，可以处以200元以上2000元以下的罚款。因此，要加强对地膜使用者的宣传教育，提高其环保意识，促进其科学合理使用地膜，承担废旧地膜回收离田的具体行为责任。

3. 政府需承担提供服务和监督的管理责任

保障国家粮食安全是一项重要的政治任务，保护农田环境是政府管理的一项重要职能。政府部门要重点做好扶持和监督工作，通过财政补贴和市场监管等方式支持农户使用高标准地膜，引导农户科学合理使用地膜，在用电、土地、税收等方面给予废弃物回收和再利用企业一定的优惠政策，扶持建立完善的废旧地膜回收再利用体系，监督生产企业和农户落实各自环境责任。要深入推进以绿色生态为导向的农业补贴制度改革，结合各地实际用好耕地地力补贴资金，在不降低补贴力度的前提下，将补贴资金与农户的地力保护行为更加紧密地挂起钩来，在地膜残留严重的西北地区，耕地地力保护补贴应主要与残膜回收挂钩。

在前文提到的内蒙古开鲁县，项目团队探索“项目（政府）补差价，企业供好膜，农户强回收”的模式，实现了项目试点区农膜当季回收率超过90%。

（四）地膜污染治理与农村人居环境整治可以协同推进

地膜残留不仅影响耕地质量，风一刮塑料残膜满天飞，也会污染周围农村环境。推进地膜污染防治，既是实现农业绿色发展的重要举措，也是建设生态宜居美丽乡村的必然要求。从技术层面来看，地膜离田后，其理化特性与农村的其他塑料类废弃物并无本质不同，后续的处理处置可根据市场情况因地制宜。对于地膜使用量较大的地区，建立单独的地膜回收体系并实现资源化利用可能是较为经济的处理方式，但对于地膜使用量较小的地区或城市近郊，可将残膜纳入生活垃圾范围，与农村或城市其他生活垃圾协同处置。2018 年中共中央办公厅、国务院办公厅发布的《农村人居环境整治三年行动方案》强调，要统筹考虑生活垃圾和农业生产废弃物利用、处理，建立符合农村实际、方式多样的生活垃圾收运处置体系，这为推进协同治理提供了政策支撑。

此外，在监督管理方面，全民参与的人居环境整治方式也有利于降低地膜回收成本。改善农村人居环境，要求发挥农民主体作用，建立健全整治长效管护机制，如果将农村人居环境长效管护范围拓展到农田环境，则可以有效压实地膜使用者的回收责任，降低政府监督成本。

农业绿色发展作为世界农业发展的潮流，将是未来我国农业发展的主旋律。本讲选择美国、荷兰和日本等世界农业代表性的国家回顾和分析其农业绿色发展实践过程，比较和发现其具有的共性特点的经验，并提出中国农业绿色发展要明确“农业可持续绿色发展为中国农业发展的基本目标、促进农业生产主体行为的绿色化、扩大农业生态绿色技术研发和供给、优化农业绿色发展政策设计、强化依法治农、通过法律手段将中国农业引入绿色高质量发展新阶段”的政策建议。

第十讲
从国际经验看中国农业绿色发展①

“十三五”时期是中国农业贯彻绿色发展理念取得明显成就的时期，这突出表现在2015年5月27日发布的《全国农业可持续发展规划（2015—2030年）》中“一控两减三基本”在“十三五”期间的任务都顺利完成（金书秦等，2020）。绿色发展不仅是中国农业在经历长期依赖传统发展方式实现增长之后所必须，同时还是实现中国特色农业现代化、实现中国农业高质量发展的重要组成部分，更是实现农业高质量发展的必由之路。“十四五”仍将继续沿着绿色发展的道路来规划和谋划中国农业的发展。

整体而言，就我们将要讨论的世界范围的农业绿色发展进程来看，中国农业进入绿色发展阶段，这个进程一点也不晚，尽管我们走上绿色发展之路的背景、动力、措施、路径等存在显著差异。另外，就农业绿色发展的技术和方法，中国农业传统的朴素生态农业发展思想可提供大量丰富的营养。

未来，我们仍将继续汲取中国原有的朴素的生态农业发展思想的营

① 杜志雄，金书秦：“从国际经验看中国农业绿色发展”，《世界农业》，2021年第2期，第4–9、18页。

养。除此之外，我们当然还可以在一些重大政策和制度方面向国际经验汲取营养。美国是新大陆大规模的农业国家，荷兰是原居民经营但其规模相对东亚国家原居民农业又比较大的国家，而日本是跟中国非常相似、原居民经营但规模狭小的被马克思界定为“亚细亚生产方式”国家，它本身也具有生态农业传统或者说富有农业绿色发展思想的小农国家。本讲试图从这些对世界农业有一定的代表性的国家农业绿色发展实践过程的回顾和分析，比较和发现具有共性特点的经验，以为中国进一步谋划农业绿色发展提供参照和启示。

一、美国农业绿色发展

美国的农业绿色发展大致可以分成三个阶段。美国农业实际上在 19 世纪末就进入一个高速增长的时期。在那个时代，化肥和农药大量使用，使用的化学投入品已经达到了非常高的水平，并导致对农业自身及对周边环境的双重危机。到了 20 世纪初，美国社会，特别是农业主管部门的官员就开始思考他们未来的农业之路究竟怎么走。可能有不少同志都阅读过一本书，叫《四千年农夫》，这本书是在 20 世纪初的时候，一个叫富兰克林・金的美国农业资源局的局长在考察了中国的农业、日本的农业和韩国的农业之后写的（F.H. King，2004）。他写这本书的目的就是寻求美国农业绿色可持续发展之路，他经过考察发现，美国农业要化解危机，可以从东方农业的传统智慧当中寻找扭转它不可持续发展的方式和方法。由此开启了美国农业绿色发展的第一个阶段，我们将其称为农业绿色发展的启蒙阶段（20 世纪前期到 20 世纪 60 年代）。

美国农业绿色发展的第二个阶段是 20 世纪 60 年代到 20 世纪 90 年代，这是美国农业绿色发展的快速发展时期。这一时期，有一些值得重视的标志性的事件，一是《农产品贸易发展和援助法》《粮食安全法》《食品、农业、水土保持和贸易法》等法律制定并实施，“土地休耕计划”“通过土壤保护计划、沼泽地保护计划、农夫条款、遵从条款等保护土地”“乡村发展计划”等行动被采用；二是在1985年颁布和实施的《食品安全法》中首次将“环境保护”纳入农业法体系中；三是在1985年以后颁布实施的《美国环境教育法》《食品安全法》《联邦土地和管理法》等法律中，农业政策工具从农业内部的“污染治理”向整体“生态环境保护”转变（冯丹萌、王欧，2019）。正是由于这些措施，农业绿色发展技术大幅度提升、农业生产结构进一步优化、农业发展带来的环境污染问题得到抑制和缓解、农业绿色发展在农户的普及程度开始逐渐显现，农业绿色发展的技术应用开始逐渐推广起来。整体上看这一时期扭转了以往不可持续的农业发展道路，绿色发展成为农业发展的主流形态。

20世纪90年代以来是美国农业绿色发展的第三个阶段，是农业绿色发展的成熟及突破阶段。这一时期，美国农业绿色发展的范围和内容逐步扩大，以农村发展和农业的可持续发展为重点，并制定了一系列的政策和方案予以支撑。1997—2002年美国农业部任务报告中明确提出保护农业绿色发展，促进对自然资源的明智管理工作。1991年，在原来《有机食品生产法》的基础上，制定了《有机食品证书管理法》。1996年，美国政府修改《农业法案》，增加了资源保护等方面的管理办法。2002年，美国出台《2002年农场安全与农村投资法案》，通过实施生态保护补贴计划对农业绿色发展进行支持。2007年，《农场法建议》提出把农村发展的财政支持措施从“相机投入”转变为“经常投入”，设立能源资助平台、商业贷款和商业担保平台、商业资助平台、社区计划平台等4大政策平台，合并、整合不同部门分散的发展计划、援助项目以及其他政策工作。2008年，颁布《食物、保护与能源法案》，增强对有机农业的补贴。2010年，美国政府颁布《健康、无饥饿儿童行动》法令，提出有机贸易协会将提供10亿美元的资金用于进行有机食品的试验计划，用于学校食品计划中有机食品的提供。2011 年 1 月，美国总统奥巴马签署《FDA 食品安全现代化法案》（FSMA）。

二、荷兰农业绿色发展

荷兰农业绿色发展与美国的背景不尽相同，但也大致经历了三个阶段。

第一个阶段是 20 世纪 80 年代，表现为严格控制畜禽养殖量。养殖污染治理是荷兰农业政策转型的最初目标。种植业和畜牧业的高度专业化分工，改变了传统种养结合的农业产业结构，使两者严重分离。农业地区由于缺少有机肥料，不得不使用化肥来提高产量，而化肥的过度使用也对土壤和水质造成非常明显的负面影响，而畜牧地区的动物粪便无法处理，大量的粪污积压造成了严重的环境污染。根据荷兰统计部门的公开数据，从 1970 年到 1980 年，荷兰生猪养殖数量增长了约 1 倍，由 500 万头增加到了 1000 多万头，鸡的养殖数量增幅逾 30%，由 6000 万羽增加到 8000 多万羽（BuisonjéF et al.，2016）。因此，20 世纪 80 年代，荷兰政府开始通过立法方式严格控制畜禽养殖量，以稳定粪便的产生量。1984 年，荷兰提出了猪和家禽的生产权，禁止新建养殖场，并实行欧盟的牛奶配额制度，以立法形式规定每公顷耕地的承载规模（即每公顷土地上牲畜粪便的五氧化二磷总产出量不能超过 125 千克），不再允许现有养殖户随意扩大经营规模①。所有从事畜禽养殖的农场和公司必须登记种养殖规模，申请粪便排放许可，超过标准的必须缴纳粪便处理费。同时，

① Organization for Economic Cooperation and Development（OECD）. Environmental Performance Reviews: The Netherlands 2015.（2015－11－25）[2019－08－15]. https://www.oecd-ilibrary.org/environment/oecd-environmental-performance-reviews-the-netherlands-2015_9789264240056-en.

政府还协助建立畜禽粪便交易市场，支持建立大型粪便处理厂，集中处理过剩粪便，对于剩余粪便采取统一管理、定向分流，将畜牧业发达地区过剩的粪便向需要粪肥的大田作物生产区输送，甚至出口到国外。

这一阶段，荷兰各类农业环境保护法规也逐渐建立起来。除了养殖权外，荷兰先后出台《土壤保护法》、制定畜禽养殖国家环境政策计划，要求从养殖结构调整、总量控制、粪便排放处理等 3 个方面控制畜禽养殖业对环境的污染，还提出了化肥法案和农药削减计划，开始有计划地减少农业生产中的工业化学品投入，提倡发展循环经济。

20 世纪 90 年代是荷兰农业绿色发展的第二个阶段，特点是严格控制肥料和农药施用。20 世纪 90 年代以来，在 1987 年化肥法案的基础上，同时也是适应欧盟共同农业政策目标，荷兰相继实施了 5 个硝酸盐肥料行动计划。每公顷耕地和草地的硝酸盐标准，分别由 1990 年的 125 千克和 250 千克，下降到 1995 年的 110 千克和 150 千克；到 2000 年时，对两者的施用要求进一步下降到 85 千克。如果农场主无法使其农场达到以上标准，则将会被强制征税。在此基础上，为有效监测农业生产对水体造成的污染，1998 年荷兰还进一步推出了养分核算系统，监测农业生产活动过程中矿物质成分的实际流失量。在这一阶段，政府还建立了要求更为严格的农业环境保护政策，在投入品减量、保护土壤质量、粪便和氨气排放控制等方面做了大量工作。同时，政府也鼓励农户采取先进的饲养技术。另外，政府还积极支持研发可以应用的高效低残留农药和生物农药。在政策支持下，相关农场和企业积极采取措施，通过投资改进种养技术、提高管理水平，基本上达到了政府规定的新的工业品投入标准和养分排放标准。

2000 年以来，荷兰农业绿色发展进入第三个阶段，即农业资源全面管理的阶段。2000 年，欧盟出台了水框架指令（Water Framework Directive），目的是对水资源进行全面监管，即在保护好地下水的基础上，进一步要求保护好地表水，主要是针对来自农药、化肥和重金属等领域的氮、磷和许多其他化学污染物。长期以来，荷兰饮用水中农药污染严重，其中检出的农药 80% 是除草剂，因此该指令对荷兰农业发展的影响非常显著。以该指令为基础，荷兰政府开始建立全面的浅层水、地下水监测体系，对水资源质量进行全面监管，并由水质监管倒逼农业投入监管，要求农业生产者建立详细的投入产出记录档案，从而进入农业资源全面管理阶段，鼓励发展循环农业，促进农业发展与自然保护相协调。由于养分核算体系主要侧重于养分流失管理，对于投入环节的监管有些不足，荷兰于 2005 年取消养分管理体系，随后建立了更为严格的农业资源投入标准和监管体系。2007 年，荷兰政府还出台了新建动物圈舍低排放标准，将农业生产的环境保护要求由传统的种养环节进一步延伸到圈舍设计、种养殖管理、废弃物处理等全生产链条中。

在高度重视农业环境污染治理的基础上，荷兰也更为重视农业发展的生态功能，大力发展观光休闲农业、康养农业，支持有机农业、循环农业、自然保护型农业发展。2000 年以来，荷兰有机农场数量增长了 60%，占所有农场的比重由 2000 年的 1.6% 提高到 2012 年的 2.6%，虽然总体比重仍较低，但在欧盟地区已经属于发展较快的地区之一。2011 年，荷兰政府启动可持续发展议程，开始探索国家绿色增长模式，要求建立可持续的农业产业体系和食物供给体系。2016 年，荷兰进一步提出了“循环经济 2050”计划，将发展循环农业视为解决气候变化和资源紧缺的重要途径，2018 年已发布循环农业发展行动规划，要求尽可能地在当地、全国或者全球范围内，构建种植、园艺、畜牧和渔业产业间大循环体系，既减少对外部环境的影响，又显著提升废弃物利用率，计划在 2030 年前实现农业废弃物、食物消费等领域的循环利用率达到 80%，成为全球领先的循环农业经济大国，到 2050 年循环利用率进一步达到 100%。

三、日本农业绿色发展

日本也是东亚拥有生态农业发展传统和智慧的国家之一。同时它也没有明显地经历过高投入、高污染的不可持续发展的阶段。日本农业绿色发展可被视为传统农业生态文明的延续和拓展。其中，重视绿色发展技术的研发和运用，可视为其农业绿色发展的最大特征。概括地看，日本战后农业绿色发展，大致也可分为三个阶段。

首先是绿色农业的基础恢复巩固期，主要发生于20世纪70年代之前。“二战”后的日本工业化速度空前，然而造成的副作用就是农业发展相对滞后。为了进一步提高农民的积极性，日本政府不断地出台法律法规，鼓励以土地租佃为中心，加快农业土地使用权流转，“二战”后日本政府相继颁布了《农业改良资金助成法》和《山村振兴法》，修订了《粮食管理法》《农业协同组合法》等法律；1952年日本制定了《农地法》，以法律形式对以上做法进行了规定，既确保了土地小规模家庭经营的合法性，为日本农业土地的集中连片经营、共同基础设施建设奠定基础，也降低了农业生产中对环境的破坏程度，为农业绿色发展打好基础。

20世纪70年代至90年代是日本农业绿色发展的第二个阶段，也是绿色农业技术的提升期。日本对农业绿色发展技术政策的推行经历了较为艰辛的过程，由于日本小规模土地所有者占主要地位，农民在开发和利用先进科学技术上困难更多。因此政府在绿色农业技术方面投入较大力度支撑。一是对科研经费的投入，1960年以来，日本农业科研经费不断增加，1976年达到1518亿日元，约占政府科研经费总额的30%。二是建立完善的推广制度，为了进一步推进农业技术成果在各地得到广泛应用和推广，日本政府在全国建立了完善的推广普及制度，研究成果须在各地方的农业试验场进行试验，确定其推广价值，再将其提交给当地农政局和基层农业试验场进行论证认可。三是人才支撑，主要依靠基层农业合作组织的农业指导员和在市町村政府的农业技术员，共同形成完整的技术指导和推广力量。

同时在此阶段，日本开始注重农业绿色发展的多重效应模式探索，推进农业绿色发展的多元路径，日本农村从20世纪70年代左右出现“观光热”，这也为农业绿色发展带来新的机遇。20世纪80年代后，大量民间资本开始大规模开发度假村和精心策划旅游开发，日本各地农村开始发展综合休养地、农业主体公园和模仿欧洲风情的庄园，为农业绿色发展提供了新的载体和渠道。

1990年以来属于第三个阶段，是日本农业绿色发展的和谐共进期。20世纪90年代以来，适应WTO农业贸易规则的约束，日本更加重视农业多功能性的发挥。农业绿色发展与人类经济、社会发展的融合度不断提升，日本政府充分结合旅游业与绿色农业，提出休闲观光农业发展模式，并且探索出协同推进的“农业观光”式发展模式，大大地提升了农业绿色发展的多元效益转化，也促进了人、自然与经济的互促互进。1992年6月，“绿色观光”首次出现在日本农林水产省的“新的粮食、农业和农村的发展方向”的政策文件中，日本观光农业的发展从此走上“快车道”。在政府相关政策的扶持下，以观光农园、市民农园和农业公园为主要形式的绿色观光农业发展格局逐渐形成。与此同时，日本绿色发展的政策支撑持续推进，1999年7月12日，日本政府颁布《食物、农业、农村基本法》，提出创新的政策法规，其主要目的是确保食品的稳定供给，发挥农业在保护国土、涵养水源、保护自然环境等方面的功能，实现农业的可持续发展与农村的全面振兴。同时，日本政府还为农户提供灾害防治、资源改良等技术信息，在提供财政补贴之余，还提供无息贷款来支撑农业绿色产业的发展。日本农业基本法规定了政府必须对农业予以财政补助，通过财政转移支付的方式，对地方绿色农业的发展提供支撑。同时，日本政府筹建了政策性金融机构，对绿色农业产业中的企业提供长达20年到

30 年的长期信贷资金，并收取较低额度的利息，政府财政也给予一定的补贴。此外，日本在农业绿色发展过程中，投入大量的资金进行农业绿色发展的技术升级和对农民的应用培训（王志刚、许栩，2012）。

四、世界农业绿色发展的基本特征和规律

从上述三国农业绿色发展的基本历程，大致可以总结归纳出 7 个方面的共性特征和规律。

第一，尽管各国农业绿色发展的背景、动机、路径、技术等存在差异，但殊途同归，最终都走上了农业绿色发展之路，这是三国农业发展的不争事实。

第二，各国农业向绿色发展转型的起点有早有晚，但大致都在 20 世纪 90 年代和 21 世纪初达到了一个相对稳定的农业绿色发展格局。农业绿色发展已经成为这些国家农业发展和现代化题中应有之义。注重生态生产技术运用、贯彻绿色发展理念已经成为农业产业链利益相关者的共同自觉行动。

第三，各国农业在向绿色发展转型的过程当中，虽然整体上都是沿着农业绿色发展的诸多方面（投入品减量、节水节地、土壤肥力保持、农业多功能性利用等）展开的，但是各国都根据本国农业发展的实际，不同时期的农业绿色发展的着力重点事实上又是具有一定差异的，并非齐头并进。以荷兰为例，第一个阶段重点在控制养殖数量和牲畜排泄物与农地的比例关系；在第二个阶段则将重点放在严格控制肥料和农药施用；在农业资源全面管理的第三个阶段则将重点置于建立更为严格的农业资源投入标准和监管体系（张斌、金书秦，2020）。

第四，各国农业在向绿色发展转型的过程当中，都高度重视绿色生态技术的研发和运用。绿色发展从本质意义上说，就是要用绿色生态型

农业技术替代非绿色生态的传统和“现代”农业技术。换言之，绿色生态型农业生产技术的可获得性是农业绿色发展的前提和基础。美国是世界农业技术的主要提供者。在注重绿色发展后，同样高度重视绿色农业技术的研发和利用；而荷兰，一直高度重视支持研发可以接受应用的高效低残留农药和生物农药。日本农业并未经历明显的高投入、高污染的时期，它是东亚生态农业发展思想继承得比较好的国家，其农业绿色发展的特点就在于其较注重生态绿色农业技术的研发。

第五，各国农业在向绿色发展转型的过程中，都非常重视运用有利于促进绿色发展的政府计划和专项行动，来实现绿色发展目标。如荷兰，2011 年启动可持续发展议程；2016 年提出“循环经济 2050”计划，将发展循环农业视为解决气候变化和资源紧缺的重要途径；2018 年发布循环农业发展行动规划，计划在 2030 年前实现农业废弃物、食物消费等领域的循环利用率达到 80%，成为全球领先的循环农业经济大国，到 2050 年循环利用率进一步达到 100%。同样，在美国和日本，也有类似的专项行动和计划。

第六，各国农业在向绿色发展转型过程中，高度重视将绿色发展、保持农业可持续性作为农业政策目标调整的一项重大内容来推进。荷兰在绿色发展的三个阶段过程中，一直是将绿色发展与农业发展的政策目标调整相结合的，它们的农业政策目标在之前粮食供给的基础上，逐渐增加了环境保护、自然景观保持、增加动物福祉、降低气候变化影响等内容，农业政策目标更为多元化。美国在 1985 年颁布的《食品安全法》中，首次将环境保护纳入农业法体系中，并将农业环境保护确立为重要的农业发展政策目标之一。日本在 1961 年《农业基本法》、1999 年《食品、农业和农村基本法》中均将农业环境保护纳入日本农业政策目标。

第七，各国农业在向绿色发展转型过程中，高度重视运用法律（规）促进农业绿色发展，用好政策工具和手段执行或落实法律（规）要求。

在促进农业绿色发展的过程中，这些国家依法治农的特征极其突出。

以上从 7 个主要方面对国际农业绿色发展的特征进行了总结。从三国农业绿色发展的历程看，在经历农业高速发展后，都有一个向绿色发展转化的过程，并且在推动农业进入绿色发展阶段过程中具有一些共性特征和规律，这些共性特征和规律，是非常值得重视和借鉴的。

五、“十四五”及未来中国农业绿色发展的方向

观照其他三国发展特征，整体上看，中国农业绿色发展的进程基本符合世界农业发展潮流和规律。比如说，根据中国农业的时代特点、地域特征，在不同时期，特别是在“十三五”期间，有选择、有重点地实施了一些国家计划，推进了一些农业绿色生态技术运用等，并在“十三五”期间圆满完成了农业绿色发展在“一控两减三基本”方面的任务目标，从这个意义上来说，中国农业绿色发展的进程并不晚，而且中国农业转向绿色发展还有在经历了长期的生态透支支撑增长的情况下不得不转的独特背景。

农业绿色发展将是一个长期持续的历史过程。借鉴国际经验，“十四五”及未来中国绿色发展要沿着以下 5 个方向继续努力。

（一）明确农业可持续、绿色发展为中国农业发展的基本目标

国际经验表明，农业绿色发展不应仅仅停留在“发展理念”的视角上，也不应仅仅停留在将其作为实现其他基本目标的手段和措施上，而是必须要将其上升（融入）到基本发展目标里来。基本目标是一种硬约束，目标是必须实现且可以考核的！农业发展目标是多元的，可以从诸多工作层面设立农业发展目标。但什么是基本发展目标呢？基本目标是超越一切其他目标、必须优先保障实现的目标。过去中国农业在基本目标上一直强调的是两个，一个是农产品的稳定供给（包括粮食安全），一

个是保障农民（农业生产者）的收入提高，这些直到今天都仍是非常必要。中国农业发展到现阶段，更要强调农业绿色发展，有必要把“保持农业可持续性”作为农业发展的第三个基本目标，要将这个目标跟农民收入、农产品稳定供给放到同等重要的位置上来认识和对待，只有这样，中国农业发展才能真正向绿，才能绿得更好。关于什么是“农业的可持续性”，我们在2016年发表的文章——《中国农业政策新目标的形成和实现》中曾有过明确和具体的界定，即施加于农业生产资料，也就是土地上的任何的技术措施，包括化肥、农药、种子、机械等技术的使用，既不对农业生产资料（土地）和农产品本身（“农业之内”）产生负面作用，也不对农业生态环境系统（“农业之外”）产生破坏性影响，也就是说农业生产过程不产生负外部性，从而使农业作为一个整体，成为一个可以连续和可以重复的过程的状态（杜志雄、金书秦，2016）。这样的状态就是保持了农业的可持续性（当然，我们可以建构一套指标，来衡量“可持续性”），也就是农业绿色发展真正要实现的目标。

（二）促进农业生产主体行为的绿色化

要充分发挥家庭农场、合作社，包括农业土地托管等在内的社会化服务组织在促进农业向绿色发展当中的引领和带动作用。在这里面，我们还要突出强调家庭农场作为中国农业最主要的新型农业生产主体的作用。这源于我们对家庭农场的基本认知——家庭农场是最符合中国未来农业发展取向要求的农业生产主体。一个产业繁荣兴盛与否、能否实现现代化，核心在于这个产业的从业（生产）主体的状态。就农业绿色发展要实现的目标而言，特别是就农业绿色发展由谁来具体实施和落实而言，农业生产主体更具有核心地位。对此，我们认为中国能否走出一条特色鲜明的农业绿色发展现代化道路，从根本上来说，都将取决于能否形成一个具有生态自觉意识和绿色发展理念，兼具企业家精神和工匠精神，能够对不断变化的市场迅速实施冲击反映式调整、能够主要依靠自身力量而不是主要依赖政府的政策支持，能够自主发展且自主发展能力强的，既区别于传统的小规模的农户，也区别于企业化大规模的农场，符合未来农业发展整体目标实现的新型生产主体。这些新的生产主体，现阶段最应看重、最需要培育的是家庭农场（杜志雄，2018）。

（三）扩大农业生态绿色技术研发和供给

要使农业生产者既有可替代的绿色生态农业技术可用，同时使用者的成本也实现最小化，从而使绿色生产技术被采纳具有足够的刺激。具体而言，我们觉得三类农业绿色生态技术需要加速创新进程、适应绿色发展需要。第一类是绿色育种技术，就是通过育种技术促进农业绿色发展，换言之，我们的种业发展要能够提供出适合绿色发展需要的新品种；第二类是低毒农药、高效化肥，包括生物肥技术的研发和运用；第三类是技术，前面是前述所有农业技术的总体集成性技术，如数字信息化农业技术，等等。这三类农业绿色技术创新和应用，应该齐头并进。在这些技术的创新和应用上，发挥市场力是根本，但政府可能也需要在一些领域和环节上发挥重要的促进作用。

（四）优化农业绿色发展政策设计

从畜禽养殖粪便资源化利用、化学投入品减量等突出问题入手，逐步建立以地定畜、养分平衡制度体系；同时也要逐步建立严格的监管体系，鼓励新型经营主体建立农业生产投入产出记录，引导种养主体不断提高有利于绿色发展的管理技术和水平。

（五）强化依法治农，通过法律手段将中国农业引入绿色、高质量发展新阶段

从各国农业绿色发展实践看，通过法律构建农业绿色发展目标和发展措施，同时又通过法律手段规范农业绿色发展的相关者，特别是生产者的行为，确保绿色发展目标实现，是较为普遍和成功的做法。中国早已进入依法治国的新时代，而依法治农也是依法治国的重要体现。在

下一步中国农业绿色发展推进进程中运用好法律手段，也是重要的抓手之一。

参考文献

[1] 杜志雄，金书秦．中国农业政策新目标的形成与实现［J］．东岳论丛，2016(2)：24-29.

[2] 杜志雄．家庭农场发展与中国农业生产经营体系建构［J］．中国发展观察，2018(3-4)：43-46.

[3] 冯丹萌，王欧．发达国家农业绿色发展的政策演进及启示［J］．农村工作通讯，2019(4)：58-61.

[4] 金书秦，牛坤玉，韩冬梅．农业绿色发展路径及其“十四五”政策取向［J］．改革，2020(2)：31-40.

[5] 王志刚，许栩．日本经济高速增长期农业法律与政策调整的经验及其借鉴意义［J］．理论探讨，2012(5)：74-77.

[6] 张斌，金书秦．荷兰农业绿色转型经验与政策启示［J］．中国农业资源与区划，2020(5)：1-7.

[7] Buisonjé F，Melse R W，Hoeksma P. 荷兰禽畜粪便处理之战．世界环境，2016(2)：41-45.

[8] F. H. King. Farmers of forty centuries：Organic farming in China，Korea，and Japan. Dover Publications Inc. New York，2004.

使用有机肥是消纳畜禽粪便、减少化肥投入、改善土壤结构的多赢举措。欧盟国家将有机肥分为矿物和非矿物两类，形态上又分别有固态和液态两种，其产品标准既包括有效养分的含量要求，也包括有害物质的含量限值，通过企业信息台账、告知义务、追溯体系实现严格的市场监管，并通过污染区域划定避免肥料过度使用造成环境风险，其做法对于当前我国大力推进农业绿色发展具有重要借鉴意义。建议我国科学完善有机肥标准并加强监管，尽快启动硝酸盐污染区划定工作，实现种养结合农业绿色发展格局。

第十一讲
欧盟有机肥产品标准、管理机制及其启示[①]

使用有机肥是消纳畜禽粪便、减少化肥投入、改良土壤结构的多赢举措。然而，当前我国有机肥市场在一定程度上存在“叫好不叫座”的现象，无论是农户还是消费者，对有机肥都普遍持欢迎态度，但是由于缺乏科学标准和有力的监管，市场上各种“有机肥”鱼龙混杂，严重损害了农民和消费者信心，最终导致劣币驱逐良币，真正好的有机肥也得不到市场认可。有鉴于此，我国管理部门和科研团体也在积极探索通过制定标准，规范有机肥生产和使用，2020 年 11 月，全国农业技术推广服务中心发布了《肥料合理使用准则 有机肥料（征求意见稿）》。欧盟国家从保护地下水、减少温室气体排放等方面考虑，一直强调通过使用有机肥实现种养结合。2019 年 7 月，为了进一步规范肥料使用，欧盟颁布了第 2019/1009 号肥料法规（以下简称“2019 法规”），取代此前 2003 年出台的肥料法规[②]。本文将在梳理我国有机肥市场现状和问题的基础上，系

① 金书秦，唐佳丽，杨小明，等：“欧盟有机肥产品标准、管理机制及其启示”，《中国生态农业学报》，2021 年第 7 期，第 1236—1242 页。

② Regulation (EU) 2019/1009 of the European Parliament and of the Council. Official Journal of the European Union. 25 June 2019.

统介绍欧盟关于有机肥标准及其市场管理情况，并归纳其对我国有机肥生产、监管及未来农业面源污染治理的启示。

一、我国有机肥产品现状和存在的主要问题

我国是农业大国，在连续几千年的农耕文明中，人们已经充分认识到保持土壤肥力、改善生态环境的重要性，对于有机肥的施用也有着足够的经验（张世贤，2000）。种养结合是中国传统农业的精髓，在新中国成立后，作物的主要养分来源仍然是农家肥，在此之后，有机养分投入量逐渐下降，到20世纪80年代末占总养分投入量的47.1%，到2003年仅占四分之一（李隆等，2000），有机肥投入比例的直线下降主要是由化肥的兴起导致的，为了在有限的耕地上提高粮食产量，见效更快的化肥成了农户的首选（杜为研等，2020）。然而，随着农户层面种养分离的发生，种植者缺少粪肥的来源，养殖者缺少足够的耕地以消纳畜禽粪便（Jin S et al., 2020）。在宏观上，随着农业种植面积以及对于作物产量需求的不断加大，对于化肥的使用也在不断加大，从《中国统计年鉴》中可以看出，我国化肥使用量从新中国成立初期的7.8万吨增长到2019年的5403万吨（最高为2015年的6022.6万吨），1978—1984年间，仅化肥投入对中国农业增长的贡献就占32.2%，进入21世纪以来，化肥对农业增长的贡献在逐步减弱，而造成的环境影响却日益凸显（金书秦等，2020）。

推进农业绿色发展，亟须在行动和理念上回归“种养结合”，区别于传统的农户家庭内部的“既种又养”，现代化的种养结合更多在超越农户的层面发生，生产和使用商品有机肥是重构种养关系的重要途径。有机肥替代化肥也成为减少化学投入、推进农业绿色发展的重要手段[①]。我国

① 农业部种植业管理司：《农业部关于印发〈到2020年化肥使用量零增长行动方案〉和〈到2020年农药使用量零增长行动方案〉的通知》，中华人民共和国农业农村部，2015年3月18日。

有机肥资源丰富，具有一定产业发展基础。牛新胜和巨晓棠（2017）通过文献分析的方法研究发现，我国目前有机肥年产实物量约为 57 亿吨，能提供氮磷钾（$N+P_2O_5+K_2O$）总养分约 7300 万吨。但是由于缺乏精细的标准和与之相对应的市场监管，使得有机肥市场鱼龙混杂，甚至产生劣币驱逐良币的挤出效应。一是有机肥的原料种类多，获取渠道繁杂，原料本身质量就参差不齐，有机肥原料的氮磷钾含量介于 1% ～ 10%，有机质含量介于 15% ～ 65%，存在抗生素、重金属富集的风险，此外用单一原料很难生产出符合标准的产品，必须用多种原料科学复配，才能实现产品合格（冯小亮等，2017）。二是有机肥生产技术的核心环节有待突破，例如除臭、去湿等关键技术（田慎重等，2018），降低了使用者的便利性和舒适性。三是有机肥的生产标准不完善，现有标准指标不全、覆盖度不广，导致监管不严，农民受到假的或者品质不过关的有机肥坑害后，会对有机肥产生不好的印象，从而减少有机肥的施用。四是企业自身持续发展能力较弱，大量有机肥企业依靠政府扶持建立（郑微微等，2017），自主盈利能力较差。五是农户施用有机肥的意愿较低，我国有机肥施用机械化普及程度不高（吴彬，2015），主要依靠人工施肥，而人工费又在某种程度上增加了成本（李洁等，2013），有研究表明非种植业收入比例越高的农户，越不愿意费时费力地施用有机肥（刘梅等，2010），不仅如此，运输过程中还会存在一些不可控的问题，比如鲜粪在运输时存在疫病传播和环境污染的风险（刘晨阳等，2021），相较之下，农户会更偏向使用化肥。

我国目前实施的有机肥标准是 2012 年 3 月 1 日颁布的行业标准《有机肥料》（NY 525-2012），对商品有机肥外观、有机质质量分数等主要方面提出了质量要求、检验方法及规则（谢文凤等，2020）。从有机质含量标准来看，我国要求有机肥中的有机质质量分数不低于 45%（干燥基），欧盟则是大于等于 20%；从有机肥养分的标准来看，我国只对总养分有要求，即总养分大于等于 5%（烘干基），而在欧盟 2019 法规中，根据有机肥类别的不同，其养分标准也不一样；从重金属限量指标来看，我国对铜（Cu）、锌（Zn）、镍（Ni）、缩二脲（$C_2H_5N_3O_2$）没有具体的要求，相较于欧盟的标准，我国对于铅（Pb）、无机砷（As）的要求更加严格，欧盟的重金属限量指标根据有机肥类别而有所差异；从产品包装的角度看，我国的包装袋上需要注明产品名称、商标、有机质含量、总养分含量、净含量、标准号、登记证号、企业名称、厂址，其余按 GB18382 执行，而欧盟的详见表 11-1。

表 11-1　中国和欧盟有机肥产品标准比较

	中国	欧盟
有机质含量	有机质质量分数不低于 45%（干燥基）	有机质质量分数大于等于 20%
有机肥养分	总养分大于等于 5%（烘干基）	不同类型的有机肥养分标准不一样（详见表 11-2、表 11-3、表 11-5、表 11-6）
重金属限量指标（毫克/千克）	铅（Pb）：50；镉（Cd）：3；六价铬（Cr）：150；无机砷（As）：15；汞（Hg）：2	根据类别不同，有不一样的标准（详见表 11-4、表 11-7）
产品包装	注明产品名称、商标、有机质含量、总养分含量、净含量、标准号、登记证号、企业名称、厂址，其余按 GB18382 执行	包装上须注明类型编号、批号、产品名称、注册商标、可联系的邮寄地址等，如果包装太小而无法容纳所有信息，则应在包装随附的传单中提供。如果是散装的产品，则所有信息应以传单形式提供

数据来源：作者根据相关资料整理、绘制。

二、欧盟关于有机肥的产品标准

在 2019 法规中，有机肥被分为（非矿物）有机肥和矿物有机肥，从形态上又分别有固态和液态两种。欧盟对有机肥的产品要求主要包括两个方面：一是对必要成分的要求；二是对有害成分的严格限制。

（一）非矿物有机肥

非矿物有机肥原料来源于动物组织、动物排泄物（粪便）、人类排泄物，以及植物组织（如堆肥和作物残余物）的肥料，因为有机肥料来源于自然，所以可为植物提供缓释、持续的营养，有利于作物产量的提高以及环境的保护（Yan Wang et al.，2018）。

首先是养分标准。包含氮（N）、五氧化二磷（P_2O_5）、氧化钾（K_2O）中的任何一种或多种，如果只包含其中一种，则应满足表11-2所示标准，如果包含2种以上养分，则应满足表11-3所示标准。此外，对于固态有机肥而言，有机碳含量不得低于15%；对于液态有机肥而言，有机碳含量不得低于5%。

表11-2　单一养分有机肥含量标准

	固体有机肥料	液体有机肥料
氮（N）的总含量	大于2.5%	大于2%
五氧化二磷（P_2O_5）的总含量	大于2%	大于1%
氧化钾（K_2O）的总含量	大于2%	大于2%

数据来源：作者根据相关资料整理、绘制。

表11-3　多种养分有机肥含量标准

	固体有机肥料	液体有机肥料
氮（N）的总含量	大于1%	大于1%
五氧化二磷（P_2O_5）的总含量	大于1%	大于1%
氧化钾（K_2O）的总含量	大于1%	大于1%
总养分含量	大于4%	大于3%

数据来源：作者根据相关资料整理、绘制。

其次是对于有害物质的严格限制，每千克干物质中各类有害物质不能超过表 11-4 所示的限值。此外，对病原体也有严格要求，每 25 克或 25 毫升有机肥料中沙门氏菌不超过 5 个，每 1 克或 1 毫升有机肥料中大肠杆菌或肠球菌科不超过 5 个。

表 11-4　非矿物有机肥料中的污染物的限值

元素	含量限值
镉（Cd）	1.5 毫克 / 千克干物质
六价铬（Cr）	2 毫克 / 千克干物质
汞（Hg）	1 毫克 / 千克干物质
镍（Ni）	50 毫克 / 千克干物质
铅（Pb）	120 毫克 / 千克干物质
无机砷（As）	40 毫克 / 千克干物质
铜（Cu）	300 毫克 / 千克干物质
锌（Zn）	800 毫克 / 千克干物质
缩二脲（$C_2H_5N_3O_2$）	不得检出

数据来源：作者根据相关资料整理、绘制。

（二）有机矿物肥料

有机矿物肥料是指向有机肥料中添加部分矿物质，从而使其以较少的体积提供高浓度的氮、磷和钾。因此，有机矿物肥料的特征是有机物和矿物的混合物，可以以多种氮、磷和钾的比例生产，以适合作物需求。有机矿物肥料可以包含泥炭，锂矾石和褐煤，如果其中包含硝酸铵（NH_4NO_3）形式的氮，则其氮含量不得超过 16%。

如果只包含一种养分，则应满足表 11-5 所示标准，如果包含 2 种以上养分，则应满足表 11-6 所示标准。固态有机矿物肥中有机碳含量不低于 7.5%，液态有机矿物肥中有机碳含量不低于 3%。

表 11-5 单一养分有机矿物肥料含量标准

	固态有机矿物肥料	液态有机矿物肥料
氮（N）的总含量	大于 2.5%	大于 2%
五氧化二磷（P_2O_5）的总含量	大于 2%	大于 2%
氧化钾（K_2O）的总含量	大于 2%	大于 2%

数据来源：作者根据相关资料整理、绘制。

表 11-6 多种养分有机矿物肥料含量标准

	固态有机矿物肥料	液态有机矿物肥料
氮（N）的总含量	大于 2%，其中有机氮（N_{org}）的含量应为 0.5%	大于 2%，其中有机氮（N_{org}）的含量应为 0.5%
五氧化二磷（P_2O_5）的总含量	大于 2%	大于 2%
氧化钾（K_2O）的总含量	大于 2%	大于 2%
总养分含量	大于 8%	大于 6%

数据来源：作者根据相关资料整理、绘制。

对于有害物质，每千克干物质中不能超过表 11-7 所示的限值，对病原体的限制与非矿物有机肥一样。

表 11-7 有机矿物肥料中的污染物的限值

元素	含量限值
镉（Cd）	（1）若总磷 (P_2O_5) 含量低于 5% 时，限值为 3 毫克 / 千克干物质；（2）当总磷 (P_2O_5) 含量大于等于 5% 时，限值为 60 毫克 / 千克干物质
六价铬（Cr）	2 毫克 / 千克干物质
汞（Hg）	1 毫克 / 千克干物质
镍（Ni）	50 毫克 / 千克干物质
铅（Pb）	120 毫克 / 千克干物质
无机砷（As）	40 毫克 / 千克干物质
铜（Cu）	600 毫克 / 千克干物质
锌（Zn）	1500 毫克 / 千克干物质
缩二脲（$C_2H_5N_3O_2$）	12 毫克 / 千克干物质

数据来源：作者根据相关资料整理、绘制。

（三）肥料合格评定的控制措施

首先是可追溯的标识管理。2019 法规要求，投放市场的产品须带有“EC fertiliser”的标识，这种标识具有可追溯性，以记录其肥料的来源。可追溯的标识必须贴在包装上或密封处（例如封条），清晰易读且不可磨灭。只要肥料被供应到市场上，这些记录就应可供成员国检查，并且在制造商停止供应两年后还可以追溯。

其次是严格的合规检测。欧盟成员国可对标有“EC fertiliser”的肥料进行检测，以证明其符合法规的规定。成员国可以收取不超过测试成本的费用，如果首次测试是由满足条件的实验室进行，并且所测试的肥料符合规定，则制造商不得被要求重复进行测试或支付重复测试的费用。如果测试不符合规定则不得进入市场，或者要求召回。

三、欧盟针对有机肥相关市场主体的管理

2019 法规在肥料生产销售环节中的各个经济体（生产商、进口商、分销商等）所应该承担的责任进行了细分。所有的市场主体都要向市场监督管理机构承诺：为其提供有机肥的经营者或有机肥的购买者，并且这些信息应在产品售出后 5 年内随时可以提供，以确保肥料来源和去向的可追溯性。

（一）肥料生产商的义务

肥料生产商指以其名义或商标生产、设计有机肥产品，并销售该产品的任何自然人或法人。根据欧盟 2019 法规，生产商应履行 9 个方面的义务。

（1）生产商应确保其设计和生产的有机肥料符合法规所列的要求。

（2）生产商在将有机肥产品投放市场之前，应提供技术文件并执行

法规要求的合格评定程序。如果通过该合格评定程序，则应起草合格性声明，并贴上“EC fertiliser”标识。

（3）生产商应将技术文件和合格性声明保留5年，并且应向其他经营者提供合格性声明的副本。

（4）生产商应确保批量生产的有机肥料生产程序与法规要求一致。如果生产工艺或特性与法规中的通用规范有差别，则应在合格性声明中充分体现。如其产品被认为存在风险时，生产商应对市场上在售产品进行抽样测验，并保留投诉记录，如产品抽检不合格，则应及时召回，并应随时将此类消息通知分销商。

（5）生产商应确保投放市场的有机肥产品的包装上带有类型编号、批号或其他有用的要素，如果是提供散装的有机肥产品，则应提供每个产品的随附文件。

（6）生产商应在有机肥产品的包装上注明其名称、注册商标以及可与之联系的邮寄地址，如果产品没有包装，则在随附文件中标明这些信息。

（7）生产商应确保其产品随时能提供法规中所要求的信息。如果以包装形式提供有机肥产品，则该信息应显示在该包装的标签上。如果包装太小而无法容纳所有信息，则应在包装随附的传单中提供。如果是散装的产品，则所有信息应以传单形式提供。

（8）经证实产品不符合该法规的生产商，应立即采取必要的纠正措施，撤回或召回该产品。此外，如果生产商发现或怀疑其投放市场的有机肥产品会对人类和动植物健康、安全或环境造成风险，则应立即将其相关信息通知国家主管部门。

（9）生产商应进一步根据主管部门的合理要求，以书面或电子形式向其提供所有必要的信息和文件，并根据该机构的要求与其合作，采取有效措施消除其产品带来的风险。

（二）肥料进口商的义务

当生产商不在本国，进口商则应确保其生产商符合法规要求，并在销售国内承担与上述生产商相同的责任。

（三）肥料分销商的义务

分销商指供应链上除生产商和进口商外的任何自然人或法人。根据欧盟 2019 法规，应履行 5 个方面的义务。

（1）分销商应确保其在市场上销售有机肥产品时所采取的销售手段都符合法规所列的要求。

（2）分销商应在销售有机肥产品之前核实其随附文件，如果该有机肥产品被认为存在风险时，分销商必须等到该产品符合要求后才能进行销售。

（3）分销商应确保在储存或运输欧盟有机肥产品的过程中，不违反欧盟 2019 法规中的其他规定。

（4）经证实不符合该法规的有机肥产品，分销商应立即采取必要的纠正措施，撤回或召回该产品。此外，如果分销商发现或怀疑其投放市场的有机肥产品会对人类和动植物健康、安全或环境造成风险，则应立即将其相关信息通知国家主管部门。

（5）经销商应进一步根据主管部门的合理要求，以书面或电子形式向其提供所有必要的信息和文件，并根据该机构的要求与其合作，采取有效措施消除其产品带来的风险。

四、欧盟关于有机肥使用的管理

在欧盟，有机肥的使用主要是作为防止养殖污染一个手段，甚至要防止过度使用，因此其使用与耕作制度、化肥限量密切相关。

一是以国家指令形式限制化肥的使用控制。在欧洲一些发达国家中，政府正在逐步淘汰对农药和化肥的补贴或税收优惠，开始对合成农药和化肥征税并对有机肥料和生物农药给予优惠政策。早在 1976 年、1985 年和 1986 年，芬兰、瑞典和奥地利就分别开始征收氮肥税，税率从化肥价格的 10% 到 72% 不等，并在接下来的时间里，即使因为各个国家情况不同，仍然有许多欧洲国家加入了化肥征税的趋势。在欧盟，国家肥料控制政策是在硝酸盐指令（EC Nitrate Directive）（91/676 / EEC）的框架内处理的，此指令适用于所有成员国。硝酸盐指令重点包括 6 个方面：

（1）识别受污染或有污染风险的水：地表淡水，尤其是用于或拟用于提取饮用水的地表淡水，其含有或可能含有硝酸盐的浓度不能超过 50 毫克 / 升。

（2）指定“硝酸盐污染区”（NVZ）：因排入受污染的水源或有污染风险的水源，从而造成硝酸盐污染的生态脆弱区域，另外，成员国还可以选择对整个领土采取措施。

（3）制定由农民自愿执行的良好农业规范守则：限制氮肥在土地上的施用期限，以便将施用量限制在农作物所需氮肥量，并防止营养物质流失到水中；限制肥料施用条件（在陡坡地面、冰冻或积雪的地面、水道附近等），以防止硝酸盐流失；设置牲畜粪便的最小存储量；轮作，以防止硝酸盐在雨季流失。

（4）制定行动计划，强制“硝酸盐污染区”内的农民实施，包括：上述农业规范守则；针对欧洲受气候影响的地区制定的计划。

（5）肥料中氮的施用限制，包括：在行动计划涵盖的区域中，该指令规定每年可施用的粪肥中氮的最高含量为 170 千克 / 公顷。如成员国要求，并在科学上证明其不会导致更高的污染的前提下，委员会可以通过实施决定，或特殊对待。

（6）国家监测报告。要求成员国每四年报告一次，包括：地下水和地表水中的硝酸盐浓度；地表水富营养化情况；评估行动计划对水质和农业实践的影响；修订“硝酸盐污染区”和行动计划；估计水质的未来趋势。

二是有机肥作为化肥的补充品使用。由于肥料可能导致环境污染，因此欧盟有限制地使用非化学合成和溶解性差的肥料和土壤改良剂，并且在非必要情况下，尽量避免化肥的使用。一方面，在耕作制度上进行轮作制，适度安排固氮植物、绿肥植物和深根植物的种植；另一方面，对有机肥使用也有限制，动物源的厩肥、堆肥和尿粪水需先堆肥腐熟再翻埋，并且每公顷农用地每年投入的氮素不能超过 170 千克。

有机肥作为化肥的补充品使用须满足 4 个条件：（1）对于栽培植物有特殊的营养需要或者特殊的土壤改良目的的时候，如在轮作中的固氮植物、绿肥植物、深根植物、有机农业动物源经济肥（自产和外购）不能满足植物营养或不能保证满足植物营养需要时，才可补充使用；（2）有机肥料的使用不会导致环境污染；（3）对混合、溶解、使用进行严格规定，尽可能地把它们在植物可食部分的残留和对环境的影响限制在最小限度；（4）应对使用的有机肥料进行详细描述，包括组成、溶解、使用的特殊说明、产品标识等。

五、对我国的启示

近年来我国大力推进农业绿色发展成效显著，但仍须久久为功。一方面，化肥施用量巨大，“十四五”时期还将深入推进化肥负增长（金书秦等，2020）；另一方面，养殖粪便产生量巨大，通过现代化技术将养殖粪便变废为宝可以有效促进种养结合，解决禽畜粪便污染问题，提高禽畜粪便资源化利用程度，改善环境质量。欧盟有机肥的管理实践对我国有 5 个方面启示。

（一）开展“硝酸盐污染区”划定

建立全国性地表和地下水水质监测体系，开展长期监测。建议由农业农村部牵头建立农户、区域和流域的养分平衡和管理措施的报告制度，如记录化肥购买和施用量、有机肥产生和施用量、畜禽粪尿储藏容量等。基于地下水硝酸盐监测数据，结合已有的水质和土壤地质信息等数据，根据地下或地表水受硝酸盐污染的程度，划定我国硝酸盐污染区和潜在风险区，明确水体污染防治重点区域（马林等，2018）。针对重度污染区，尽快开展硝酸盐污染治理试点。将“硝酸盐污染区划定和治理试点”纳入“十四五”国家重点研发计划。

（二）细化产品标准，规范有机肥分类、名称

目前我国有机肥市场鱼龙混杂的重要原因就是标准陈旧且缺乏对产品合规性的严格管控。我国目前执行的是 2012 年原农业部颁布的《有机肥料（NY 525-2012）》。市场上主要关注总养分含量是否超过 5%，对其他的成分关注度不多，以致只要氮磷钾含量达到 5%，就不管其他，例如调研中有的种植户反映所谓的“有机肥”，其主要成分就是山土、煤灰，甚至污泥；还有的种植户担心“有机肥”中含有有害物质，影响其名特优产品种植。此外，市场上各种命名五花八门，让农民眼花缭乱，也不利于市场监管。建议下一步更新有机肥标准，加强市场监测，特别是将有害物质的含量列入有机肥检测标准和农资打假的重要内容。

（三）压实各方责任，尤其是严控源头添加和生产规范

有机肥的质量关键在于肥源，如果肥料来源中含有害物质，过度使用有机肥将带来土壤污染和农产品质量安全危害。畜禽粪便是养分的主要来源，要严控饲料添加。将有机肥市场监管的链条延伸至饲料产品监测，对违规添加和使用者依法处罚。要进一步落实养殖主体污染治理责任，促使其主动为养殖粪便寻找出路。要建立有机肥生产规范，逐步建立以企业为主体的有机肥追溯体系。

（四）大力推广种养结合，将有机肥推广与化肥减量、畜禽粪污资源化利用融为一体

当前我国推进农业绿色发展要具有系统思维，要把种植和养殖业通盘考虑，实现以地定养、以养促种。要着力构建促进种养结合的生产体系、经营体系和产业体系，通过单个经营主体内部自循环、种养主体之间合作、引入第三方、区域合作等方式实现多主体、多层面的种养结合，实现耕者有肥源、养者有出路，将30多亿吨畜禽粪污变成20亿亩耕地的营养源。

（五）深化科学用肥宣传

要进一步加强科学施肥的宣传，既不能"妖魔化"化肥，也不能"神化"有机肥，破除单纯"减肥减药就等于绿色发展"和"施用有机肥就是绿色发展"的误判，真正做到依法管肥，依标用肥，科学施肥。

参考文献

[1] 杜为研，唐杉，汪洪．我国有机肥资源及产业发展现状 [J]．中国土壤与肥料，2020(3)：210-219.

[2] 冯小亮，刘秀秀，吕东波．农业发展中的有机肥利用现状及问题 [J]．农业与技术，2017(22)：2-3+11.

[3] 金书秦，牛坤玉，韩冬梅．农业绿色发展路径及其"十四五"取向 [J]．改革，2020(2)：30-39.

[4] 金书秦，张惠，唐佳丽．化肥使用量零增长实施进展及"十四五"减量目标和路径 [J]．南京工业大学学报（社会科学版），2020(3)：66-74+112.

[5] 刘晨阳，马广旭，刘春，等．畜禽粪便资源化处理及成本收益分析——以6省（区）251户肉鸡养殖场户为例 [J]．世界农业，2021(2)：45-53+131-132.

[6] 李洁，吴明亮，汤远菊，等. 有机肥施肥机械的研究现状与发展趋势 [J]. 湖南农业大学学报，2013, 39(1)：97-100.

[7] 李隆，李晓林，张福锁，等．小麦大豆间作条件下作物养分吸收利用对间作优势的贡献 [J]．植物营养与肥料学报，2000(2)：140-146.

[8] 刘梅，杜丽丽，张晓．基于Logit模型的农户有机肥施用意愿及影响因素分

析——以山东为例 [J]. 安徽农业科学，2010(9)：4827-4829.

[9] 马林，卢洁，赵浩，等. 中国硝酸盐脆弱区划分与面源污染阻控 [J]. 农业环境科学学报，2018(11)：2387-2391.

[10] 牛新胜，巨晓棠. 我国有机肥料资源及利用 [J]. 植物营养与肥料学报，2017(6)：1462-1479.

[11] 田慎重，郭洪海，姚利，等. 中国种养业废弃物肥料化利用发展分析 [J]. 农业工程学报，2018(S1)：123-131.

[12] 吴彬. 浙江省商品有机肥应用对策研究 [D]. 杭州：浙江农林大学，2015.

[13] 谢文凤，吴彤，石岳骄，等. 国内外有机肥标准对比及风险评价 [J]. 中国生态农业学报（中英文），2020(12)：1958-1968.

[14] 张世贤. 我国有机肥资源、利用、问题和对策 [J]. 磷肥与复肥，2000(2)：140-146.

[15] 郑微微，沈贵银，李冉. 畜禽粪便资源化利用现状、问题及对策——基于江苏省的调研 [J]. 现代经济探讨，2017(2)：57-61+82.

[16] Jin S, Zhang B, Wu B et al. Decoupling livestock and crop production at the household level in China. Nat Sustain (2020). https://doi.org/10.1038/s41893-020-00596-0.

[17] Yan Wang, Yuchun Zhu, Shuoxin Zhang, et al. What could promote farmers to replace chemical fertilizers with organic fertilizers?[J]. Journal of Cleaner Production, 2018(199)：882-890.

全国一盘棋是指在2030年、2060年两个重要时间点在国家层面实现排放量最大和净排放为零。但是分地区或行业而言，各地各行业发展水平和增长需求都不一样，国内也可借鉴国际上“共同但有区别的责任”原则，即发达的地区多承担一些减碳责任，高收益的行业适度补贴低收益的行业。就农业而言，其内部的各个行业，有的将长期处于正排放，有的则要贡献碳汇，不是所有行业都要同时达峰，更不是整齐划一实现减排，也不是所有行业都能中和，应该允许有先有后，有增有减，有正有负，不能走上“一刀切”、层层加码的路子。

第十二讲
如何理解“双碳”目标

应对气候变化是全人类共同面对的严峻问题，中国作为“人类命运共同体”这一理念的倡导者，切实主动作出减排承诺，积极贡献中国力量。

一、中国“双碳”政策演进历程及成效

一直以来，温室气体几乎是目前具有最广泛外部性的环境问题。在空间上，具有全球外部性，一个国家排放的温室气体随着大气环流突破国家行政边界。据新闻报道，研究人员在北极鳕鱼体内监测到来自亚洲和南美洲的污染物，可见气候变化的全球性质，因此要强调全球共同责任；在时间上，具有代际外部性，二氧化碳等长寿命温室气体可在大气中存留 200 年。一些发达国家在人们还未意识到全球气候变暖的时候就完成了其工业化，排放了大量温室气体，有的对气候变暖产生了累积效应，因此强调有区别的责任。中国目前是最大的温室气体排放国，但是历史上贡献的温室气体远低于欧美发达国家和地区。作为发展中国家，提出 3060“双碳”目标，是用自身行动践行人类命运共同体的理念。

中国“双碳”战略的出台不是突然的，而是渐进的。在“双碳”战略提出之前，中国政府已经在减排上面做出了许多努力（见表 12-1）。

表 12-1　“双碳”政策一览

年份	文件 / 会议名称	主要具体目标	基准年	目标年	完成情况
2006	《中华人民共和国国民经济和社会发展第十一个五年规划纲要》	到 2010 年，单位 GDP 能源消耗比 2005 年降低 20%	2005	2010	基本完成（19.1%）
2007	《中国应对气候变化国家方案》	到 2010 年，单位 GDP 能源消耗比 2005 年降低 20% 左右，力争使可再生能源开发利用总量（包括大水电）在一次能源供应结构中的比重提高到 10% 左右，力争使工业生产过程的氧化亚氮排放稳定在 2005 年的水平，努力控制农牧业甲烷排放增长速度，努力实现森林覆盖率达到 20%	2005	2010	基本完成
2009	哥本哈根世界气候大会	到 2020 年，单位 GDP 二氧化碳排放比 2005 年降低 40% 至 45%	2005	2020	超额完成（48.4%）
2011	《中华人民共和国国民经济和社会发展第十二个五年规划纲要》	到 2015 年，单位 GDP 能源消耗、二氧化碳排放分别比 2010 年降低 16%、17%，非化石能源占一次能源消费比重达到 11.4%	2010	2015	超额完成（18.4%、20%、12%）
2014	《中美气候变化联合声明》	计划 2030 年左右二氧化碳排放达到峰值且将努力早日达峰，2030 年非化石能源占一次能源消费比重提高到 20% 左右	—	—	

续表

年份	文件 / 会议名称	主要具体目标	基准年	目标年	完成情况
2015	中国国家自主贡献（INDC）	二氧化碳排放 2030 年左右达到峰值并争取尽早达峰，到 2030 年，单位 GDP 二氧化碳排放比 2005 年下降 60% ～ 65%，非化石能源占一次能源消费比重达到 20% 左右，森林蓄积量比 2005 年增加 45 亿立方米左右	2005	2030	
2016	《中华人民共和国国民经济和社会发展第十三个五年规划纲要》	单位 GDP 能源消耗、二氧化碳排放分别降低 15%、18%，非化石能源占一次能源消费总量比重达到 15%	2015	2020	超额完成（18.8%、15.9%）
2020.09	第七十五届联合国大会	中国二氧化碳排放力争于 2030 年前达到峰值，努力争取 2060 年前实现碳中和	—	—	
2020.12	气候雄心峰会	到 2030 年，中国单位 GDP 二氧化碳排放将比 2005 年下降 65% 以上，非化石能源占一次能源消费比重将达到 25% 左右，森林蓄积量比 2005 年增加 60 亿立方米，风电、太阳能发电总装机容量将达到 12 亿千瓦以上	2005	2030	

续表

年份	文件 / 会议名称	主要具体目标	基准年	目标年	完成情况
2021.03	《中华人民共和国国民经济和社会发展第十四个五年规划和 2035 年远景目标纲要》	到 2025 年，单位 GDP 能源消耗和二氧化碳排放分别比 2020 年降低 13.5%、18%，制定 2030 年前碳排放达峰行动方案	2020	2025	
2021.10	《中共中央 国务院关于完整准确全面贯彻新发展理念做好碳达峰碳中和工作的意见》	到 2030 年，单位 GDP 二氧化碳排放比 2005 年下降 65% 以上，非化石能源消费比重达到 25% 左右，风电、太阳能发电总装机容量达到 12 亿千瓦以上，森林覆盖率达到 25% 左右，森林蓄积量达到 190 亿立方米，二氧化碳排放量达到峰值并实现稳中有降。到 2060 年，非化石能源消费比重达到 80% 以上，碳中和目标顺利实现	2005	2030 2060	
2021.10	《国务院关于印发 2030 年前碳达峰行动方案的通知》	到 2030 年，非化石能源消费比重达到 25% 左右，单位国内生产总值二氧化碳排放比 2005 年下降 65% 以上，顺利实现 2030 年前碳达峰目标，提出实施“碳达峰十大行动”	2005	2030	
2021.12	2021 年中央经济工作会议	正确认识和把握碳达峰碳中和，反对“碳冲锋”“运动式减碳”等做法，尽早实现碳排放总量和强度“双控”目标	—	—	

数据来源：作者根据相关资料整理、绘制

（一）前“双碳”战略阶段：从节能到减排，目标逐渐提高

2006年3月，全国人大批准通过《中华人民共和国国民经济和社会发展第十一个五年规划纲要》（简称“‘十一五’规划”），“十一五”规划首次在国家层面设置了约束性的能耗控制目标，提出到2010年，单位GDP能源消耗要比2005年降低20%。2007年6月，国务院批准发布《中国应对气候变化国家方案》（简称“方案”），方案进一步提出了新的减排目标，主要包括到2010年，力争使可再生能源开发利用总量（包括大水电）在一次能源供应结构中的比重提高到10%左右，力争使工业生产过程的氧化亚氮排放稳定在2005年的水平上，努力控制农牧业甲烷排放增长速度。2009年，在哥本哈根世界气候大会上，温家宝总理提出到2020年实现单位国内生产总值二氧化碳排放比2005年降低40%至45%的目标。从2010年实际完成情况来看，《中国应对气候变化的政策与行动（2011）》数据显示，2010年单位国内生产总值能耗比2005年累计下降19.1%，协同减少二氧化碳排放14.6亿吨，基本完成了“十一五”规划的能耗控制目标，这是在“十一五”期间年均11.2%的经济增长速度的基础上取得的，基本抑制住了“十五”期间能源消耗强度大幅上升的不利趋势，对经济持续实施节能减排和绿色发展具有重要意义。

2011年3月，《中华人民共和国国民经济和社会发展第十二个五年规划纲要》（简称“‘十二五’规划”）公开发布，“十二五”规划提出到2015年，单位GDP能源消耗要比2010年降低16%，并新设了2015年单位GDP二氧化碳排放比2010年降低17%、2015年非化石能源占一次能源消费比重达到11.4%的目标，表明了中国政府进一步加强节能减排的决心。2014年，《中美气候变化联合声明》发布，中国提出计划2030年左右二氧化碳排放达到峰值且将努力早日达峰，2030年非化石能源占一次能源消费比重提高到20%左右。从2015年实际完成情况来看，《中国应对气候变化的政策与行动（2016）》数据显示，“十二五”期间，我国

单位 GDP 能耗、二氧化碳排放分别下降了 18.4%、20%，2015 年非化石能源占一次能源消费比重达到 12%，超额完成了“十二五”既定目标。同时，2015 年 6 月，中国向联合国气候变化框架公约（UNFCCC）秘书处提交了中国国家自主贡献（INDC），该计划面向 2030 年，提出二氧化碳排放 2030 年左右达到峰值并争取尽早达峰，单位 GDP 二氧化碳排放比 2005 年下降 60% ～ 65%，非化石能源占一次能源消费比重达到 20% 左右，森林蓄积量比 2005 年增加 45 亿立方米左右。

2016 年 3 月，《中华人民共和国国民经济和社会发展第十三个五年规划纲要》（简称“‘十三五’规划”）公开发布，“十三五”规划提出到 2020 年，单位 GDP 能源消耗、二氧化碳排放要比 2015 年分别降低 15%、18%，非化石能源占一次能源比重达到 15%，进一步对接中国国家自主贡献目标。从 2020 年实际完成情况来看，《中国应对气候变化的政策与行动（2021）》显示，2020 年中国碳排放强度比 2015 年下降 18.8%，比 2005 年降低约 48.4%，超额完成“十三五”约束性目标和在哥本哈根世界气候大会承诺的下降 40% ～ 45% 的目标，能耗强度比 2011 年下降 28.7%，非化石能源占一次能源消费总量比重提高到 15.9%。

（二）“双碳”政策演进阶段：正式提出及具体落实

2020 年 9 月 22 日，习近平主席在第七十五届联合国大会一般性辩论上首次提出中国“双碳”战略，中国将提高国家自主贡献力度，采取更加有力的政策和措施，二氧化碳排放力争于 2030 年前达到峰值，努力争取 2060 年前实现碳中和，这是我国首次明确提出碳中和的时间。① 随后，习近平主席在联合国生物多样性峰会、金砖国家领导人第十二次会晤、二十国集团领导人利雅得峰会等多个重要国际场合上再次强调中国实现“双碳”目标的决心。2020 年 12 月 12 日，习近平主席在气候雄

① 《习近平在第七十五届联合国大会一般性辩论上发表重要讲话》，《人民日报》，2020 年 9 月 23 日第 1 版。

心峰会上宣布了中国新的国家自主贡献力度，包括到2030年，中国单位国内生产总值二氧化碳排放将比2005年下降65%以上，非化石能源占一次能源消费比重将达到25%左右，森林蓄积量将比2005年增加60亿立方米，风电、太阳能发电总装机容量将达到12亿千瓦以上[①]。为了确保如期实现艰巨的“双碳”目标，中国已经制定行动方案并开始采取具体措施。2021年3月，全国人大审议通过《中华人民共和国国民经济和社会发展第十四个五年规划和2035年远景目标纲要》（简称“纲要”），纲要提出到2025年，单位GDP能源消耗和二氧化碳排放分别比2020年降低13.5%、18%，制定2030年前碳排放达峰行动方案。2021年4月30日，习近平总书记在主持中共中央政治局第二十九次集体学习时强调，要明确“双碳”战略的时间表、路线图、施工图[②]。2021年7月30日，习近平总书记在召开的中共中央政治局会议上针对地方实践上的一些误区，强调要坚持全国一盘棋，纠正“运动式”减碳，先立后破，坚决遏制“两高”项目盲目发展[③]。2021年10月24日，中共中央、国务院发布《关于完整准确全面贯彻新发展理念做好碳达峰碳中和工作的意见》，重申了碳减排的2030年和2060年目标，这是碳达峰碳中和“1+N”政策体系中的代表总体方案的“1”，成为我国“双碳”战略的顶层设计。2021年10月26日，《国务院关于印发2030年前碳达峰行动方案的通知》提出到2030年，非化石能源消费比重达到25%左右，单位国内生产总值二氧化碳排放比2005年下降65%以上，顺利实现2030年前碳达峰目标，实施“碳达峰十大行动”。同时，2021年7月，全国碳排放权交易市场正式启动，年碳排放量超过40亿吨二氧化碳的发电行业作为首批纳入全国碳交易市场的行业，市场减排的激励效果逐渐显现。

① 《习近平在气候雄心峰会上的讲话（全文）》，2020年12月13日，中国政府网。

② 《习近平主持中央政治局第二十九次集体学习并讲话》，2021年5月1日，中国政府网。

③ 《中共中央政治局召开会议 分析研究当前经济形势和经济工作》，《光明日报》，2021年7月31日第1版。

二、对“双碳”战略的科学认识

在调研过程中，能够明显感受到地方对碳达峰、碳中和高度重视，同时也有些茫然，表现出底数不清、认识模糊、举措不当等问题。首先，关于碳排放情况，国家有一个总数，但省里没有一个明确的数，具体到行业就更不清楚。在家底不清的情况下，地方对“双碳”工作的落实容易简单将其理解为“总量控制”，在制定具体目标时，很容易出现“一刀切”“层层加码”等现象。如在西部某县座谈时，该县制定了化肥减量 6%的目标，但问及这一数值是如何确定的时，当地干部回答是根据上级下达的目标“再加点码”制定的。其次，缺乏基本知识。调研中，谈到农业排放，地方干部常提及的就是牛打嗝放屁，可能实际知道的也就这些。反刍动物肠道发酵的占比是很大，但是减排空间并不大，重点并不在此。总体来说，相关工作人员对于碳排放的认知与了解较为片面，这种局限性在很大程度上制约了相关工作的开展。最后，容易走极端。有的把达峰变成“冲锋”，抓紧所谓的“窗口期”上马“两高”项目；有的把达峰片面理解为减排，采取拉闸限电、关停等极端措施影响正常的经济活动。上述某县的同志介绍，2021 年上半年全市经济同比负增长，主要就是“双控”压力大，很多项目建成了也不敢开工。还有一些地方的同志反映，清洁能源与非清洁能源一同被纳入“双控”目标管控范围，而清洁能源实际上并非管控对象，应多多益善。这种不考虑能源特点的无差别管控方式不仅束缚了经济发展，更与“双碳”目标相悖。

（一）科学认识“双碳”战略的总量性含义

碳达峰、碳中和本质上都是总量的概念。2030 年实现碳达峰，就是说 2030 年全国二氧化碳排放量达到峰值；2060 年实现碳中和，就是说 2060 年全国温室气体总排放量为 0。从要素分解的角度，碳排放总量既可以是各地排放的加总，也可以从行业的角度加总，还可以从地域与行业结合的角度加总。为便于科学理解“双碳”战略，可用以下公式表达。

按地域（省、市、区）分，可表述为：

$$E(t)=e_1(t)+e_2(t)+\cdots+e_i(t),\quad t\in Z$$

其中 $e_i(t)$ 表示第 i 个省（市、区）的碳排放量。上式满足以下条件：

$$s.t.\begin{cases}E(t)\leqslant E(2030),\ E(2060)=0,\ E(t>2060)\leqslant 0 & (1)\\ \neg e'_i(\delta_i)=0\Rightarrow \exists\delta_i\neq 2030 & (2)\\ \exists e_i(2060)\neq 0 & (3)\\ \sum_{i=1}^{n}de_i(t)\leqslant 0,\ t\geqslant 2030 & (4)\end{cases}$$

条件（1）指总排放量 $E(t)$ 在 2030 年达峰，2060 年中和，2060 年以后为零排放或负排放；条件（2）指存在某省（市、区）的达峰点不在 2030 年；条件（3）指存在某省（市、区）的中和点不在 2060 年；条件（4）中 $de_i(t)=e_i(t+1)-e_i(t)$，表示省（市、区）年度碳排放量差值，条件（4）指 2030 年后，各省（市、区）排放量 $e_i(t)$ 的增量和减量相互抵消且总和为负，以满足总量 $E(t)$ 在 2030 年实现达峰。

按照生产部门分，可表达为：

$$E(t)=\sum_{j\in A}e_j(t)+\sum_{j\in B}e_j(t)=e_1(t)+e_2(t)+\cdots+e_m(t),\quad t\in Z$$

其中 A 集合代表排放部门集，B 集合代表碳汇部门集，$e_j(t)$ 表示第 j 个部门的碳排放量。该式满足以下条件：

$$s.t.\begin{cases}e_j(t)\geqslant 0,\ j\in A;\ e_j(t)\leqslant 0,\ j\in B & (1)\\ \exists Max e_j(t)\neq e_j(2030),\ j\in A & (2)\\ \exists\zeta\in N,\ \neg t>\zeta,\ j\in B\Rightarrow |e_j(t)|<|e_j(t+1)|,\ d'e_j(t)>0 & (3)\end{cases}$$

条件（1）指碳排放部门 $e_A(t)$ 取值为非负，碳汇部门 $e_B(t)$ 取值为非

正；条件（2）指存在某碳排放部门达峰点不在 2030 年；条件（3）中 $d'e_j(t)=|e_j(t+1)|-|e_j(t)|$，条件（3）指存在某一时间点，在该时间点以后，存在某一碳汇部门的碳汇量逐年增加，且增速越来越快。

综合地域和部门，可表达为：

$$E(t)=\sum_{i=1}^{m}\sum_{j=1}^{n}e_{ij}(t)$$

其中 m 代表部门总数，n 代表省（市、区）总数。

矩阵表示为：

$$E_{mn}=(e_{ij})_{m\times n}=\begin{vmatrix} e_{11} & e_{12} & \cdots & e_{1n} \\ e_{21} & e_{22} & \cdots & e_{2n} \\ \cdots & \cdots & \cdots & \cdots \\ e_{m1} & e_{m2} & \cdots & e_{mn} \end{vmatrix}$$

$$s.t.\begin{cases} \exists\sigma\in \mathrm{N}^*,\ \sigma\in(1,\ m)\Rightarrow e_{\sigma j}\leqslant 0,\ j\in(1,\ n) & (1) \\ \exists\tau_1\in \mathrm{N}^*,\ \tau_1\in(1,\ n)\Rightarrow e_{i\tau_1}(2030)\neq \mathrm{Max}e_{i\tau_1},\ e_{i\tau_1}(2060)\neq 0 & (2) \\ \exists\tau_2\in \mathrm{N}^*,\sum_{i=1}^{m}e_{i\tau_2}(2030)=\mathrm{Max}\sum_{i=1}^{m}e_{i\tau_2}\not\Rightarrow \forall i\in \mathrm{N}^*,\ e_{i\tau_2}(2030)=\mathrm{Max}e_{i\tau_2} & (3) \\ \exists\tau_3\in \mathrm{N}^*,\sum_{i=1}^{m}e_{i\tau_3}(2060)=0\not\Rightarrow \forall i\in \mathrm{N}^*,\ e_{i\tau_3}(2060)\leqslant 0 & (4) \end{cases}$$

条件（1）指存在某部门碳排放值 $e_{\sigma j}$ 为非正；条件（2）指存在某省（市、区）的某些部门碳排放达峰点不在 2030 年，中和点不在 2060 年；条件（3）指即使 2030 年实现碳达峰的省（市、区），也不意味着其所有部门同时实现达峰；条件（4）指即使 2060 年实现碳中和的省（市、区），也不意味着其所有部门同时实现碳中和。

从上述数学表述可以看出，碳达峰、碳中和要全国一盘棋，但绝不是一刀切、齐步走。碳达峰、碳中和都是总量的概念，分别是全国温室气体排放总量达到峰值、净排放总量为零。从全局和系统的角度来讲，并不意味着全国各地都要在 2030 年同步达峰、2060 年同步中和。各地经济发展水平和发展阶段不一样，有的经济发达的地区已经达峰（例如北京宣布 2012 年已经达峰）或者能够提前达峰，有的地区经济发展需求和潜力还很大，在相当长一段时间碳排放还将增长，甚至要延续到 2030 年以后。“共同但有区别的责任”的原则在国内也适用，不能让“双碳”目标成为剥夺落后地区发展权利的利剑。更加符合现实的情景是一部分地区在 2030 年之前实现碳达峰，也有一部分地区在 2030 年之后实现碳达峰。碳中和也类似，并不是每个行业都能实现零排放，必然一些行业有排放，一些行业能固碳，碳中和的实现形式不是“0 + 0 = 0”，而应是“1 +（−1）= 0”。因此，所谓全国一盘棋是指在 2030 年、2060 年两个重要时点在国家层面实现碳排放量最大和净排放为零，但分省分行业来看，不是所有地方同时碳达峰，更不是整齐划一实现减排，也不是所有行业都能碳中和，应该允许有先有后，有增有减，有正有负。否则就容易走上一刀切、层层加码的路子。

（二）深刻认识“双碳”目标实现路径的极端艰巨性

发达国家经过了较长的发展过程完成了从农业社会向工业社会的转变，碳达峰是它们发展到一定水平后，经济增长自然放缓、产业结构趋于合理、环保意识不断提高、环保投资水平不断上升的自然过程，几乎没有太强的人工干预。美、英、日三国分别在 2007 年、1991 年、2013 年实现了碳达峰，三国都将碳中和的目标设置为 2050 年，距其碳达峰分别是 43 年、59 年和 37 年，均长于中国的 30 年。中国目前还是发展中国家，人均 GDP 刚刚达到 1 万美元，不足美国的 1/6，人均碳排放不到美国的一半。我们要在 2035 年基本实现社会主义现代化、21 世纪中叶建成社会主义现代化强国，在这个基础上，我们要在 2030 年实现碳达峰、2060 年实现碳中和是要付出巨大转型代价的，任务十分艰巨。

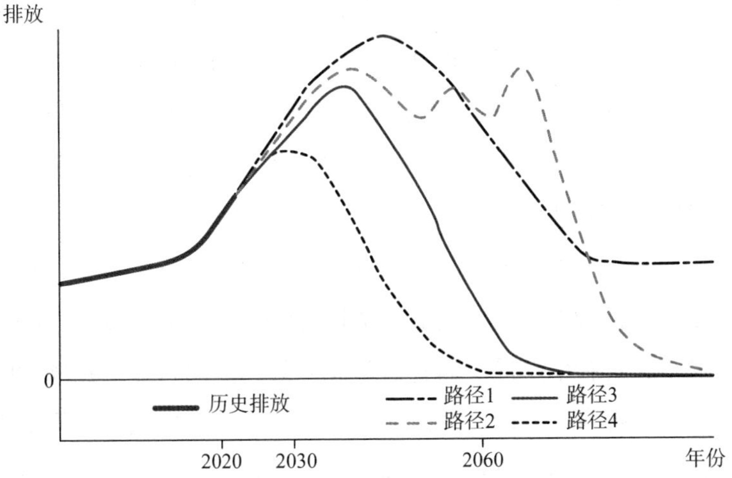

图 12-1　4 种排放路径

数据来源：作者根据相关资料整理、绘制。

图 12-1 所示为 4 种排放路径，其函数分别为 $E_1(t)$、$E_2(t)$、$E_3(t)$、$E_4(t)$，$dE_i(t)=E_i(t+1)-E_i(t)$。路径 2 表示多峰排放路径，路径 1、路径 3、路径 4 分别表示自然状态、弱干预、强干预情景下的单峰排放路径。4 种排放路径具备以下特征：

$$
s.t.\begin{cases}
\exists t_1 \neq t_2 \neq \cdots \neq t_i \in \mathrm{N}^* \Rightarrow E'2(t_i)=0,\ i\in \mathrm{N}^* & (1)\\
\mathrm{Max}E1(t) > \mathrm{Max}E2(t) > \mathrm{Max}E3(t) > \mathrm{Max}E4(t) & (2)\\
t_{Peak4} < t_{Peak3} < \mathrm{Min}t_{Peak2} < t_{Peak1} & (3)\\
\left|dE4(t > t_{Peak4})\right| > \left|dE4(t < t_{Peak4})\right| & (4)
\end{cases}
$$

条件（1）指路径 2 存在多个区间峰值点；条件（2）指排放峰值路径 1 大于路径 2 大于路径 3 大于路径 4；条件（3）指达峰时间路径 4 早于路径 3 早于路径 2 最小值早于路径 1；条件（4）指路径 4 的情景下，达峰后的年递减量一般高于达峰前的年增排量，这是由于达峰后只有 30 年的中和时间，中和任务艰巨。

因此，不能割裂碳达峰、碳中和，要统筹推进。碳达峰和碳中和实质上是一个目标，是为了将地球温室效应引起的温度上升控制在 2 摄氏度，最好是 1.5 摄氏度，达峰和中和是实现这个目标的两个阶段。如果只顾 2030 年碳达峰，那冲锋是最好的选择，把排放量弄到越大越好，但下一步中和目标就实现不了。

综上，要在全国范围内实现目标，每个地方、每个行业，甚至每个企业都要碳达峰、碳中和。在这个过程中，能源结构合理、传统产业比重低、排放总量小、具有生态优势的省份与能源效率高的行业应在碳达峰与碳中和之路上先行一步；而经济发展压力仍旧较大的区域与减排潜力小的领域应稳步推进，保证总量目标的刚性与实现路径的柔性相结合。具体到农业，其基本思路就是要将实现“双碳”目标作为带动农业绿色转型、实现高质量发展的重大机遇。

三、以“双碳”带动农业高质量发展的总体思路

农业发展关系到全国的农产品供给，也关系到本地农民生活富裕。“双碳”背景下推进农业高质量发展，要处理好 4 组关系，以正确的认识指导工作实践。

（一）处理好保护与发展的关系，坚持生态优先、绿色发展

推进“双碳”目标，不是削弱发展能力，而是要增强可持续发展能力。“双碳”目标不是，也不能通过限制发展来实现，而是要在绿色转型过程中实现经济增长与碳排放的“脱钩”，总体上应该是在一个合理与“准自然”的条件下平稳达峰，继而实现中和。因此，“双碳”是经济社会发展到一定阶段后的必然选择，是实现可持续发展的内在要求。只不过当前我们提出了比自然达峰、中和更早的时间表，通过施加一定的外力改变传统的发展模式，目的是驱动经济发展方式的绿色转型，实现更高质

量的发展，而不是不发展或限制发展。具体到农牧业，推进“双碳”目标，应以不影响农畜产品的有效供给为基本前提，把重心放在倒逼农业绿色发展上，更好地实现生产、生活、生态和谐统一。

（二）处理好生产与消费的关系，充分发挥各地农牧业生产比较优势

例如内蒙古是重要的农产品调出基地，牛奶、粮食调出比例分别约占其产量的 89.94% 和 55%，为全国粮食安全做出了重要贡献，生产这些产品对应的排放量不应简单算在内蒙古头上，而应从终端消费的角度考虑为内蒙古分担。从全国对内蒙古的功能定位来看，未来内蒙古农畜产品生产基地的作用越来越明显，产品外调的格局不会根本性变化。因此要科学地将生产和消费区分开来，换言之，内蒙古农牧业相当比例的温室气体排放要从全国算大账，要鼓励支持内蒙古更好地发挥比较优势，为国家粮食安全做出更大贡献。

（三）处理好统一性与差异性的关系，不宜要求各地齐步走

碳达峰、碳中和要全国一盘棋，不是意味着全国各地都要在 2030 年同步达峰、2060 年同步中和。各地经济发展水平和发展阶段不一样，有的经济发达的地区已经达峰（例如北京宣布 2012 年已经达峰）或者能够提前达峰，有的地区经济发展需求和潜力还很大，在相当长一段时间里碳排放还将增长，甚至要延续到 2030 年以后，符合现实的情景是一部分地区在 2030 年之前实现达峰，也有一部分地区在 2030 年之后实现达峰。碳中和也类似，并不是每个行业都能实现零排放，必然是一些行业有排放，一些行业能固碳。因此，达峰和中和应该允许有先有后，有增有减，有正有负。例如，内蒙古是重要农牧产品基地，生产量比许多地区大，在碳达峰、碳中和上可以有一定的时间差，允许多留出一定转型升级的发展空间。

（四）处理好减排与增汇的关系，在提升农牧业碳汇能力上下更大功夫

要一手抓减排，一手抓增汇。从农业活动的特性来看，机械耗能、化肥施用、水稻种植、肠道发酵、粪便管理是农业活动的几个主要温室气体排放来源，也是未来减碳的重点领域。从趋势看，农业机械化率还要提高，总量有可能还要增加，重点是把单位作业面积的能源消耗和碳排放降下来；种植业减碳的重点还是化肥的减量增效；养殖业的重点是既要抓好养殖过程的粪便管理，防止跑冒滴漏，又要抓好粪肥利用，替代化肥并培肥地力。固碳增汇方面，例如，内蒙古草原面积超过 13 亿亩，占全国草原面积的 27%，这是内蒙古的天然优势，因此要加大草原生态保护力度，充分发挥草原的碳汇功能；农区要通过秸秆还田、培肥地力、发展保护性耕作增强耕地的固碳能力。

综上，要将国家“双碳”目标转化为带动本区农牧业绿色转型、实现高质量发展的重大机遇。总体思路是：围绕节能降耗、减排治污、固碳增绿，着力在减小排放强度，提高资源利用效率和碳汇能力上下功夫，以经济的低碳化为抓手，带动农牧业生产过程的绿色化，带来农牧产品的优质化。

农业碳排放以非二氧化碳为主，总体呈逐年上升的趋势，但在近几年已出现下降趋势，趋近达峰。其中最主要的不确定因素是能源消耗，由于中国农业机械化水平仍有待提高，因此在农业碳减排上能源消耗或将成为最需要关注的内容。

第十三讲
中国农业碳排放趋势与特征[①]

中国是国际应对气候变化力量中的坚定支持者和实践者，秉持共同但有区别的责任原则，多次提出自主减排承诺，并落实到行动上，为世界减排做出了巨大贡献[②]。在国际气候变化谈判中，中国为不发达国家谋取发展的权利和空间，赢得了最广大发展中国家的信任和赞誉。

农业既是全球重要的温室气体排放源，又是一个巨大的碳汇系统。据联合国粮食与农业组织（FAO）的统计，农业用地释放出的温室气体超过全球人为温室气体排放总量的30%，相当于每年产生150亿吨的二氧化碳；农业生态系统可以抵消掉80%的因农业导致的全球温室气体排放量。有关学者研究指出，目前中国按农作物面积计算，年净吸收二氧化碳约为22.8亿吨。实现碳达峰，农业减排固碳既是重要手段，也大有潜力。本文将从碳排放的历史发展中研究、分析、总结农业碳排放的经验和教训，以期为2030年碳达峰做出贡献。

---

① 金书秦，林煜，牛坤玉："以低碳带动农业绿色转型：中国农业碳排放特征及其减排路径"，《改革》，2021年第5期，第29-37页。

② 2015年巴黎气候大会上，习近平主席表示中国在"国家自主贡献"中提出将于2030年左右使二氧化碳排放达到峰值并争取尽早实现，2030年单位国内生产总值二氧化碳排放比2005年下降60%～65%，非化石能源占一次能源消费比重达到20%左右，森林蓄积量比2005年增加45亿立方米左右。

一、数据来源和分类说明

中国目前尚没有建立农业碳排放统计体系，按照《联合国气候变化框架公约》(以下简称《公约》)要求，中国分别于2004年向《公约》秘书处提交了《中华人民共和国气候变化初始国家信息通报》，2012年提交了《中华人民共和国气候变化第二次国家信息通报》和《中华人民共和国气候变化第一次两年更新报告》，2019年提交了《中华人民共和国气候变化第三次国家信息通报》和《中华人民共和国气候变化第二次两年更新报告》(以下将上述报告统称为《国家信息通报》)。历次《国家信息通报》中主要包括了中国2005年、2010年、2014年三个年份的温室气体排放情况，其中农业排放总量分别为7.9亿吨、8.3亿吨和8.3亿吨，而能源消耗被单列，也不包括土地利用、土地利用变化和林业(Land Use, Land Use Change and Forestry，以下简称LULUCF)。除以上3年的总量数据外，则无连续的官方数据，也没有排放结构、来源等详细信息。

一些文献应用有关参数对农业碳排放进行估算，但口径各有不同，例如谭秋成(2011)从水稻种植、畜牧生产、土壤、农用物资投入等4个方面剖析农业碳排放的产生机理；闵继胜、胡浩(2012)从稻田、土壤、肥料和畜禽养殖等4个方面分析农业碳排放的产生机理，但忽视了农药、农膜、农用柴油等中间投入品碳源；田云等(2012)补充了农药、农膜、农用柴油等中间投入品碳源，基于农地利用、稻田、牲畜养殖肠道发酵和粪便管理等4个方面划分出农业部门的16类主要碳源；李秋萍等(2015)、何艳秋和戴小文(2016)从农地利用、水稻种植和畜禽养殖3个方面分析农业碳排放的产生机理；吴贤荣和张俊飏(2017)以农用物资投入、能源消耗、水稻种植、畜禽养殖等4个碳源因子测算了中国农业碳排放。

本文数据主要来自联合国粮农组织（FAO）数据库对中国大陆地区的统计数据[①]，时间跨度为1961—2018年，少量来自国家统计局、《国家信息通报》和《中国农业统计年鉴》等。FAO数据库提供农业活动和能源消耗两大类排放数据：其中农业活动包括肠道发酵、粪便管理、水稻种植、化肥施用、粪便还田、牧场残余肥料、作物残留、有机土壤培肥、草原烧荒、燃烧作物残留等10类行为的碳排放数据；能源消耗涵盖了种植业、养殖业和渔业的机械用能。农业排放二氧化碳（CO_2）、甲烷（CH_4）、氧化亚氮（N_2O）三种温室气体。CO_2主要来自能源消耗，CH_4主要来自家畜反刍消化的肠道发酵、畜禽粪便和稻田等，N_2O主要来自化肥使用、秸秆还田和动物粪便等。本文所指的碳排放量是将这三种温室气体折算成二氧化碳当量（CO_2eq）的数量。

二、中国农业碳排放的阶段性特征

农业碳排放总体呈上升趋势，1961年农业碳排放总量为2.49亿吨，到2016年达到8.85亿吨后略有下降，2018年为8.7亿吨。从总量来看可以划分为三个较明显的阶段，与中国农业农村发展的历程有较高的契合度（见图13-1）。

第一阶段：1961—1978年，农业碳排放量平稳增长。这一阶段现代化农业投入（如化肥、农药、农机等）还未大量使用，农村经济体制改革尚未大规模开始，中国农业总体还是沿袭“靠天吃饭”的传统模式，碳排放量的增加主要是由于人口增长而导致的开垦面积和开垦强度的上

① 网址链接：http://www. fao. org/faostat/zh/#data。肠道发酵（Enteric Fermentation）、粪便管理（Manure Management）、牧场残余粪便（Manure Left on Pasture）、水稻种植（Rice Cultivation）、化肥施用（Synthetic Fertilizers）、粪便还田（Manure Applied to Soils）、作物残留（Crop Residues）、有机土壤培肥（Cultivation of Organic Soils）、燃烧作物残留（Burning-Crop Residues）、草原烧荒（Burning-Savanna）。

升。到了 20 世纪 70 年代，化肥用量开始有一定程度的上升，1978 年达到 884 万吨，粮食产量首次达到 3 亿吨。

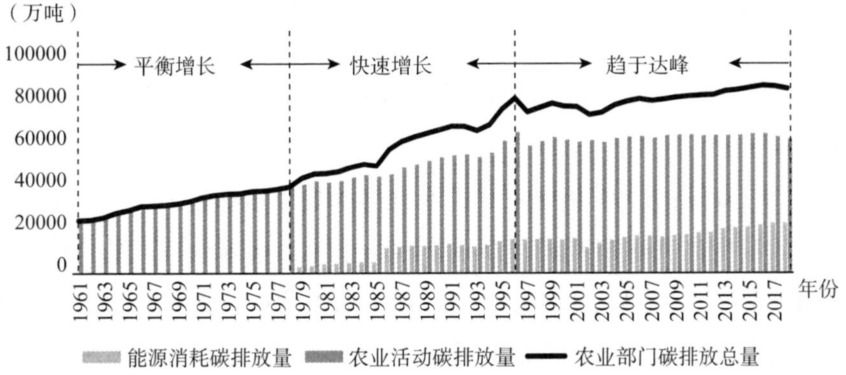

图 13-1　中国农业碳排放总量

数据来源：作者根据相关资料整理、绘制。

第二阶段：1979—1996 年，农业碳排放量快速增长。这一阶段中国农业发展迎来了制度变革和技术创新的双重红利，农业生产潜力得到极大释放。一方面，农村经济体制改革使家庭联产承包责任制代替了大集体生产方式，这使生产积极性提高，从而导致农业持续快速增长；另一方面，机械化、化学化、电气化等成为现代农业发展的早期特征[①②]，这些技术在带来劳动力节约、生产率提高和农业产出大幅度增加的同时，也带来了碳排放速度的加快。1979—1985 年，农村基本经营制度改革探索初期，农业碳排放的增长态势已经超过此前阶段；1986 年，各项改革已经在全国范围全面推开，碳排放增长的态势进一步加速。为了让耕地获得更好的光照和防止肥力外溢，农户常常减少和限制耕地周围的植被；

① Schultz T W. Transforming traditional agriculture[M]. New Haven CT: Yale University Press, 1964.

② 约翰·梅尔：《农业经济发展学》，农村读物出版社 1988 年版。

为了节约成本并减少对化肥的依赖，部分农户将秸秆等收割残留物就地焚烧；农户规模性、粗放式牲畜养殖导致了大量甲烷排放；为了提高单位面积产量，农民加大了对化肥农药等物资投入及农机使用量，增加了柴油等能源需求。1995 年，化肥使用量、农业机械和电力使用量迅速提高，三者分别达到 1978 年水平的 4 倍、3 倍和 7 倍，粮食产量也在 1996 年首次突破 5 亿吨。

第三阶段：1997 年以来，农业碳排放趋于达峰。家庭联产承包责任制的制度红利逐步减弱，高强度的化学投入边际效益开始下降，随之而来的是环境问题的日益突出，加上城镇化的快速推进，无论是农户家庭层面还是政府层面都开始对农业的经济和环境效益有所反思。在农户层面，农民通过外出务工获得更高回报的收入，在 20 世纪末和 21 世纪初的一段时间内，农民的务农积极性不高，一度出现粮食产量连年下滑，甚至产生了一定程度的粮食危机。直至 2004 年中央出台新世纪第一个“一号文件”明确了“多予、少取、放活”的方针，到 2006 年全面取消持续了 2000 多年的农业税，并加大对农民的各类补贴力度，粮食生产积极性才有所恢复。在另一个层面，政府也开始反思过度依赖化学投入品带来的粮食增产的不可持续性，从 2015 年开始实施化肥农药零增长行动计划等一系列促进农业绿色发展的举措，有效地遏制了化学投入品的增长势头，并显著提高了秸秆、畜禽粪便等农业废弃物的综合利用水平（金书秦等，2020）。从碳排放总量来看，2016 年农业总排放量达到 8.85 亿吨之后，已经连续两年下降，至 2018 年为 8.7 亿吨。2019 年、2020 年的农业排放数据虽未获得，但是从化肥农药等投入品持续减量、秸秆粪便等废弃物利用水平不断提高的结果来看，如果中国农业继续保持目前绿色转型的势头，在一定程度上已经趋近碳排放达峰。

三、中国农业碳排放的结构性特征

中国农业排放的温室气体主要由甲烷、氧化亚氮以及二氧化碳构成，且以前两类非二氧化碳温室气体为主，从来源看，由种植、养殖各占“半壁江山”到种植、养殖、能源消耗“三分天下”。

（一）成分：农业温室气体以“非二氧化碳”为主

图 13-2 显示，在 1979 年以前，中国农业碳排放主要是甲烷和氧化亚氮；1979 年以后，农业的能源消耗逐步变多，二氧化碳成为第三种温室气体来源。近年来的趋势是：来源于甲烷的农业碳排放占比逐渐减少，而来源于氧化亚氮的比例则平稳上升，来源于二氧化碳的比例呈上升趋势且占比增加越来越大。甲烷占比从 1961 年的 72.62% 下降到 2018 年的 32.88%；氧化亚氮占比从 1961 年的 27.38% 增加到 2018 年的 41.58%；二氧化碳占比从 1979 年的 6.5% 增加到 2018 年的 25.53%。大体上 1979 年以前甲烷和氧化亚氮比例为 3∶2；到 2018 年甲烷、氧化亚氮、二氧化碳比例为 3∶4∶3。因此，农业碳排放仍以甲烷和氧化亚氮两类非二氧化碳温室气体为主，占据了农业排放的 70%。另据《国家信息通报》显示，农业活动产生的甲烷和氧化亚氮分别占全国甲烷和氧化亚氮排放量的 40.2% 和 59.5%。农业排放的“非二氧化碳”占比较高，在全球也是如此。IPCC 第四次评估报告显示，全球范围内农业领域所排放的甲烷占由人类活动引起的甲烷排放总量的 50%，氧化亚氮占 60%。

（二）来源：从种、养“半壁江山”到种、养、能“三分天下”

图 13-3 和图 13-4 显示，在 1979 年能源消耗进入温室气体排放统计之前，种植业（主要包括水稻种植、化肥、有机土壤培肥、作物残茬等）、养殖业（主要包括肠道发酵、粪便管理、牧场粪便残留）基本各占“半壁江山”，种植业略高于养殖业；近年来，随着能源占比的不断上升，逐步发展为种植、养殖、能源消耗“三分天下”。细分来看，能源消耗、化肥、动物肠道发

酵、水稻种植是四个最主要来源，2018 年占据总排放量的 76.9%。

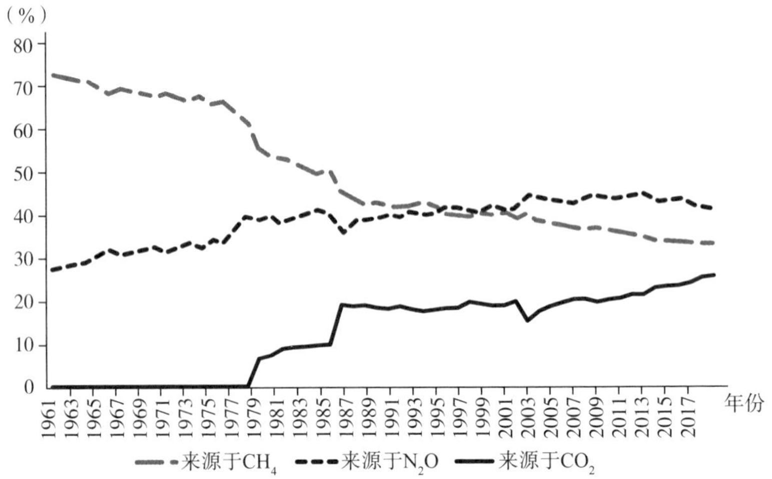

图 13-2　农业温室气体排放成分结构

数据来源：作者根据相关资料整理、绘制。

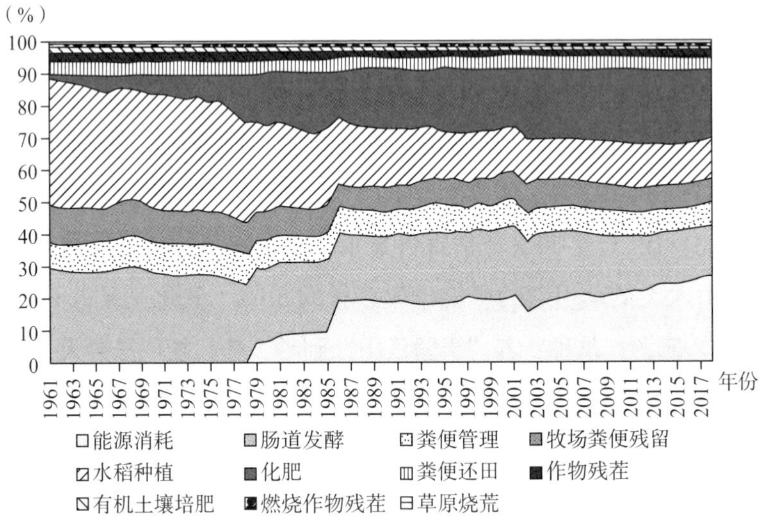

图 13-3　不同农业碳排放来源占比

数据来源：作者根据相关资料整理、绘制。

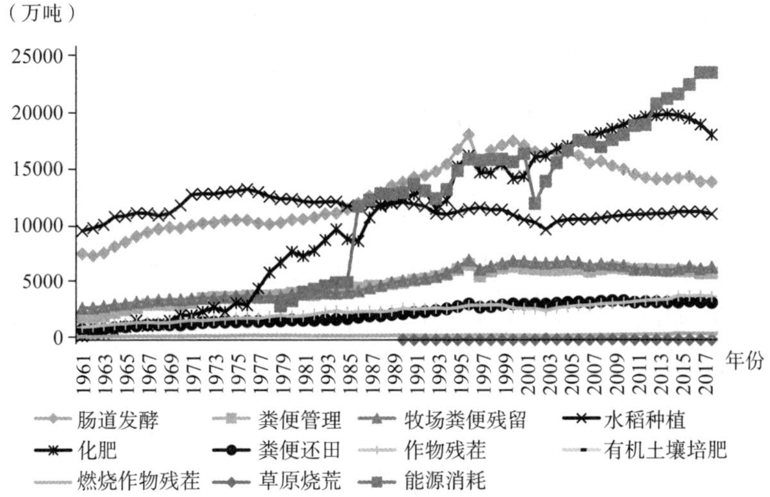

图 13-4　不同碳源排放量

数据来源：作者根据相关资料整理、绘制。

（三）能源消耗成为农业碳达峰的最大不确定因素

自 1979 年有统计以来，能源消耗的碳排放一直呈上升趋势，能源消耗碳排放量从 1979 年的 3002.32 万吨，持续上升到 2018 年的 2.37 亿吨，是原来的近 8 倍。截至 2018 年，能源消耗带来的碳排放占比已达到农业碳排放的 27.18%，超过化肥成为第一大排放源。与之对应的是，中国农业机械化水平快速提高。1979 年中国农业机械总动力为 1.34 亿千瓦，到 2018 年达到 10.04 亿千瓦，是原来的 7.5 倍左右；农业柴油使用量 1993 年（此前数据统计年鉴未统计）为 938.30 万吨，到 2018 年达到 2003.39 万吨，25 年间农业柴油使用量翻了一倍多。中国农业机械化还有提高的空间，预计农业能源消耗带来的碳排放还将进一步上升，能源消耗将成为影响中国农业整体碳达峰的最大不确定因素。

（四）水稻种植排放量基本与面积呈线性关系，单产碳排放大幅下降

1985 年以前，水稻种植一直是第一大排放源，水稻种植主要由于泡

田产生大量甲烷。水稻种植碳排放占比从 1961 年的 38.83% 下降至 2018 年的 12.8%。但水稻种植碳排放的总量却没有发生太大变化，1961 年排放量为 9681.6 万吨，2018 年为 11134.6 万吨，增幅为 15%，与之对应的是稻谷种植面积从 1961 年的 26275.9 千公顷上升到 2018 年的 30189 千公顷，增幅为 15% 左右。水稻的排放总量基本与种植面积呈线性关系。如果考虑稻谷产量，1961 年为 5364.8 万吨，2018 年为 21212.9 万吨，增幅近 300%。每吨稻谷对应的碳排放量从 1.8 吨下降到 0.52 吨二氧化碳当量，单产碳排放降幅达 70%。

四、中国农业碳减排的成效

从总量数据来看，近年来农业碳排放总量已经出现达峰的苗头，但能源消耗仍将带来一定的不确定性。从已有数据来看，中国农业经济快速发展，带来了农业碳排放强度的大幅下降；近年来中国大力推进农业绿色转型，在化学投入品减量、农业废弃物综合利用方面取得了显著成效，也带来了农业的结构性减排。

（一）中国农业碳排放强度呈下降趋势

农业碳排放强度是指农业部门每单位增加值的增长所带来的二氧化碳排放量，用来衡量一国农业经济与碳排放量之间的关系。历次《国家信息通报》显示，农业减排成效明显。2005 年，农业万元 GDP 温室气体排放量为 3.416 吨，到 2010 年，下降到 2.043 吨，2014 年进一步下降到 1.423 吨。

2014 年农业温室气体排放量占全国排放总量的 7.4%，比 2005 年下降 3.4 个百分点。

FAO 数据也显示，农业碳排放强度（见图 13-5）从 1978 年开始至

2018 年呈现出下降趋势[①]，尤其是 1978 年到 2000 年左右，从 40 吨 / 万元降至 5 吨 / 万元；2000 年以后逐年小幅度下降，在 2010 年农业碳排放强度降至 2 吨 / 万元，此后基本稳定在 1.5 吨 / 万元左右，至 2018 年农业碳排放强度已经减小至 1.29 吨 / 万元。有研究表明，氮肥在化肥中的比重、畜牧业在农业中的比重和单位农业产值的能源消费量对农业碳排放强度具有正向影响，降低氮肥比重和农用能源强度、适当调整畜牧业比重能起到降低农业碳排放强度的效果，其中，控制氮肥施用的效果最大，农业碳排放强度较 1978 年下降了 96.75%，可见中国在农业绿色转型方面采取的措施对于减排成效显著。

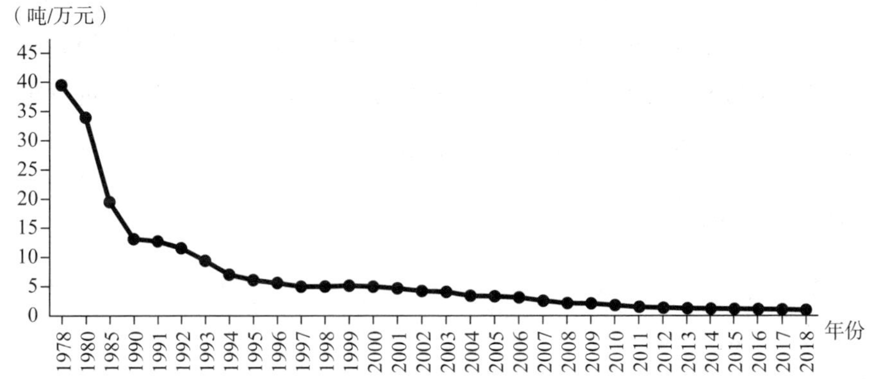

图 13-5　农业碳排放强度

数据来源：作者根据相关资料整理、绘制。

（二）结构性减碳初见成效

近年来国家大力推进农业绿色发展，在投入品减量、废弃物利用等方面取得了较大成就，这些成就也体现为碳排放的结构性下降。

化肥是第二大碳排放源，同时也是近年来最大的减排贡献者。化肥

① 《中国统计年鉴》等提供了农林牧渔业 1978 年、1980 年、1985 年、1990—2018 年的 GDP，因此碳排放强度以此为依据进行计算。

主要带来氧化亚氮的排放，到 2014 年其排放达到峰值，为 2.0 亿吨二氧化碳当量，占总排放量的 30.67%，2018 年化肥碳排放量下降到 1.82 亿吨二氧化碳当量。这与化肥施用总量基本一致，2015 年化肥达到历史峰值 6022 万吨，之后开始下降，到 2018 年为 5653 万吨。2018 年农业碳排放相比 2016 年的排放峰值减少了 1534.32 万吨，其中化肥碳减排对农业碳减排的贡献达到 94.5%。

结合中国化肥施用数据，计算化肥施用碳排放强度，1962 年至 2018 年单位化肥碳排放量呈总体下降趋势，从每吨化肥施用后排放 8.3 吨二氧化碳当量下降到 3.2 吨二氧化碳当量（见图 13-6）。这也能从化肥利用率的提高得到印证，根据农业农村部公布的数据，2013 年中国水稻、玉米、小麦三大粮食作物化肥利用率为 33.6%，逐步提高到 2015 年的 35.2%、2017 年的 37.8%、2019 年的 39.2% 和 2020 年的 40.2%。相同用量的化肥，被作物有效吸收的比例高了，排放自然就少了。

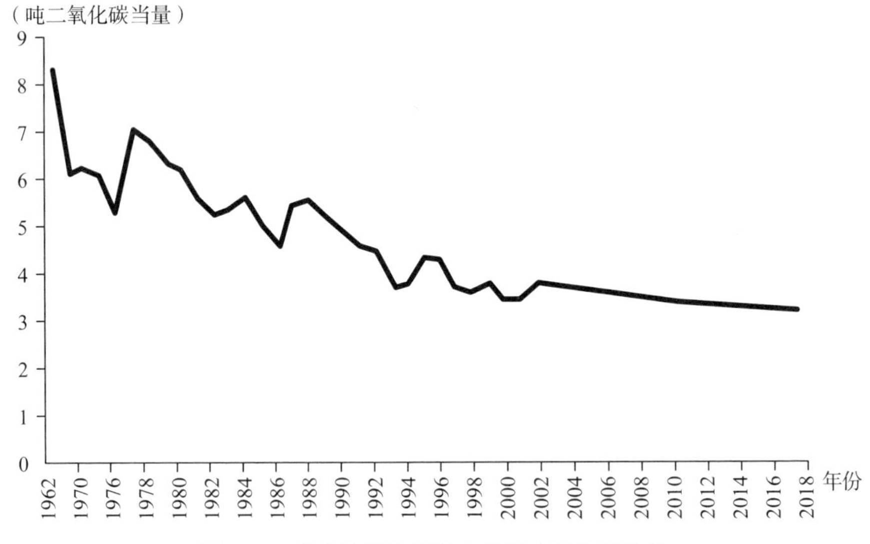

图 13-6　单位化肥施用带来的温室气体排放量

数据来源：作者根据相关资料整理、绘制。

综上，中国农业在近些年来谋求绿色发展的过程中，带来了一定的碳减排效果。然而，在当前和今后一段时间，碳排放成为“硬约束”的情况下，农业要实现持续减碳，还面临两方面挑战：一方面，农产品需求的数量和质量双提升，促使农业生产规模、开发强度的持续提高，加上农业机械化进一步提高的必然性，可能带来更多的排放；另一方面，农业经营规模较小、过程复杂，致使农业碳排放核算困难，这也成为其进入政策议程迟缓、被排斥在交易市场之外的基础性障碍，使农业经营主体缺乏来自政策和市场的减排激励。

五、结论与政策建议

长期以来，中国节能减排主要关注工业部门，对农业节能减排重视不够。“十三五”期间，农业领域率先主动实践绿色发展理念，取得了显著的成效。从本文数据分析可以看出，绿色发展与碳减排具有高度的协同性，在中国实现 2030 年碳达峰、2060 年碳中和目标的进程中，农业不仅自身要实现达峰和中和，还将对全国目标的实现做出积极贡献。

（一）研究结论

本部分基于可获得数据的分析，展示了过去近 60 年来中国农业碳排放的整体面貌和趋势，对于下一步推进农业减排固碳具有基础性作用，总结起来主要有两方面结论。

第一，农业排放与农业农村经济发展阶段具有高度的契合性。中国农业碳排放从 1961 年的 2.49 亿吨增长到 2018 年的 8.7 亿吨，增长超过 2 倍。总体上经历了平稳增长、快速增长和平稳达峰的三个阶段，这与近 60 年来中国农业发展经历自然增长、改革和科技红利释放、绿色转型三个阶段高度契合。同时，排放量的增长表明农业生产能力极大提高。就种植业而言，1961 年中国粮食产量为 13650.9 万吨，2018 年达到 65789.2

万吨，增加了近4倍。就养殖业而言，1982年（此前数据统计年鉴未统计）肉类产量1350.8万吨，奶类产量195.94万吨，禽蛋类产量280.85万吨；2018年肉类产量8624.6万吨，奶类产量3176.8万吨，禽蛋类产量3128.28万吨，肉禽蛋奶总产量达到14929.68万吨，2018年肉禽蛋总产量是1982年的8倍左右。

第二，近年来中国大力推进农业绿色转型，对碳减排的协同效应已经初步显现，但农业实现碳达峰仍有不确定性。近年来推进农业绿色发展起到了协同减碳的作用，表现为部分碳源的排放总量下降，碳排放强度的下降。例如，“十三五”期间国家开展了化肥零增长行动计划，统计数据显示，相比上一个五年，“十三五”累计减少化肥施用量超过1200多万吨。如果按照2015年的排放强度计，仅化肥减量这一项带来的减排量就超过4200万吨二氧化碳当量。此外，农药累计减量超过100万吨（制剂），农业废弃物管理水平稳步提升，这些化学投入品的减量和废弃物的利用都将带来巨大的温室气体减排量。从某种意义上讲，农业碳排放已经趋近峰值，但由于中国农业机械化水平仍有较大提高潜力和必要，由此而产生的能源消耗将是农业实现碳达峰的最大不确定因素。

由于数据限制，本文分析有两部分排放没有包含其中，值得引起注意。一是农业生产隐含的碳排放。大量的农业投入品，如化肥农药等，其自身生产的过程会产生大量的碳排放，这一部分通常被计入工业排放，但从某种意义上讲，也属于农业的隐含碳排放。据估计，2009年，农业生产资料中隐含碳排放约3.25亿吨，是当年农业部门能源消耗直接二氧化碳排放量的2.6倍。此外，农业部门甲烷和氧化亚氮的排放量更是相当于隐含碳排放的2倍以上。二是农村领域的碳排放。2020年中国农民人均纯收入刚过1.7万元，是城市居民收入的38.6%，随着农村生活水平的提高，农村取暖、生活用能的增长空间还很大，将带来巨大的碳排放。

（二）以低碳带动农业绿色转型的路径和建议

在中国经济整体进入低碳化的进程中，农业不能置身事外，要将正在发生的农业绿色转型纳入低碳发展的框架。基于此，本文提出以低碳化带动农业绿色转型的总体路径（见图 13-7）：以农业经济的低碳化为抓手，带动农业生产过程的绿色化，并带来农产品的优质化。从图 13-7 揭示的路径来看，经济低碳化是目标、产品优质化是结果，二者的实现都要落实到农业生产行为的绿色化上，实质上与近年来推崇的农业绿色发展实践是高度一致的。基于此，对"十四五"期间以低碳带动农业绿色转型提出 4 个方面的具体建议。

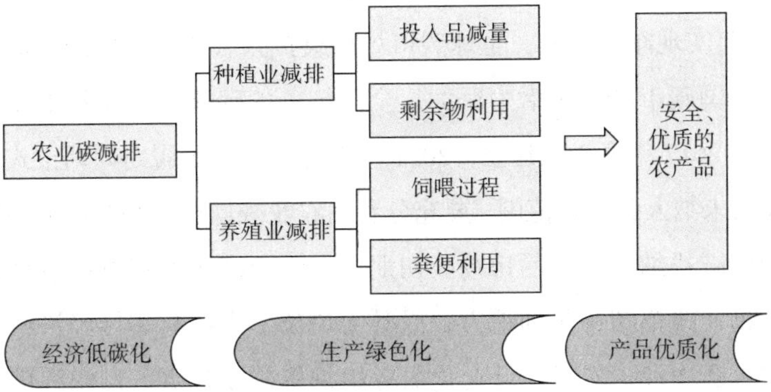

图 13-7　以低碳带动农业绿色转型的总体路径

数据来源：作者根据相关资料整理、绘制。

一是在"十四五"农业农村发展规划中增加碳约束指标。"十四五"规划纲要提出了"单位国内生产总值能源消耗和二氧化碳排放分别降低 13.5%、18%"的目标，考虑到农业机械化水平还有待提高，且农业排放以非二氧化碳温室气体为主，能源消耗排放占比较小，因此建议农业不过度强调能源消耗目标，但须将碳排放强度纳入"十四五"目标。考虑到我国农业碳排放已趋于达峰，减排难度相对较大，因此参照国家目标，建议设置"单位农业国内生产总值温室气体排放零增长"目标。相应地，要进一步加强农业农村资源环境相关监测体系和台账建设，摸清家底，使减排工作有据可查。

二是加快构建农业碳排放核算的方法学。农业排放具有点多面广的特征，导致农业减排难以核查，从而阻碍农业减排量进入交易市场。从已有研究来看，农业碳排放的核算参数不统一、要素不全面，缺乏公认的核算方法。要尽快启动农业碳排放核算的方法学研究，形成一套管理部门、生产主体、碳交易主体共认的核算方法体系，为农业进入碳市场奠定方法基础。

三是积极发展农业碳市场。中国2030年碳达峰、2060年碳中和目标一经宣布，就引起了国际碳市场的高度关注，随着70多个国家和地区承诺2050年实现净零排放，全球碳市场积极扩张。作为重要的市场化减排工具，中国碳市场发展潜力巨大，全国统一的碳排放权交易市场（火电行业）于2017年底正式建立，2021年1月1日首个履约周期正式启动。但农业尚未纳入碳市场范围，要充分利用农业减排成本相对较低的优势，将农业碳减排纳入碳交易市场。初期可在农业绿色发展基础较好、营商环境优良、改革精神足的地方，以县为单位，选择村集体经济组织、专业大户、合作社、农垦、社会化服务组织等规模较大、组织程度较高、市场意识强的主体，率先开展试点。

四是用好财政手段推广低碳农业技术。建立健全以绿色为导向的农业补贴制度和农村金融制度，财政和金融支持“三农”的资金要进一步密切与化肥农药减量、秸秆利用、地膜回收、国土绿化等环境友好行为的联系程度，为农业减排和固碳持续提供激励。推广土壤少耕、免耕技术，增加土壤有机碳储量，通过减少农地耕作幅度与强度，尽力减轻土壤的物理性扰动，提高稳定性，增加土壤结构中稳固的土壤有机质比例；在农药和化肥施用方面，提倡用生物学方法控制病虫害，限制化肥的施用量，重视生物固碳和有机肥施用；通过植树造林、保护森林资源、加强土地管理等促进碳固定；在农机购置补贴目录中，对农机节能的性能提出更多要求，支持节能农机的研发和推广。

参考文献

[1] 何艳秋，戴小文. 中国农业碳排放驱动因素的时空特征研究［J］. 资源科学，2016(9)：1780-1790.

[2] 金书秦，牛坤玉，韩冬梅. 农业绿色发展路径及其“十四五”取向［J］. 改革，2020(2)：30-39.

[3] 李秋萍，李长建，肖小勇，等. 中国农业碳排放的空间效应研究［J］. 干旱区资源与环境，2015(4)：30-35.

[4] 闵继胜，胡浩. 中国农业生产温室气体排放量的测算［J］. 中国人口·资源与环境，2012(7)：21-27.

[5] 谭秋成. 中国农业温室气体排放：现状及挑战［J］. 中国人口·资源与环境，2011(10)：69-75.

[6] 田云，张俊飚，李波. 湖北省农地利用碳排放时空特征与脱钩弹性研究［J］. 长江流域资源与环境，2012(12)：1514-1519.

[7] 吴贤荣，张俊飚. 中国省域农业碳排放：增长主导效应与减排退耦效应［J］. 农业技术经济，2017(5)：27-36.

[8] 约翰·梅尔. 农业经济发展学［M］. 北京：农村读物出版社，1988.

[9] Schultz T W. Transforming traditional agriculture［M］. New Haven CT: Yale University Press, 1964.

农业是重要的碳排放来源，同时也是巨大的碳汇系统，农业减排固碳是实现“双碳”目标达峰的重要途径。农业碳减排与推进绿色发展具有一致性。一方面，要推广各项农业清洁生产技术，减少和合理使用化学投入品、秸秆、粪便资源化利用等剩余物，增强土壤碳汇功能等，实现治污减排协同；另一方面，要发挥政策的引导作用，增加农业碳约束指标，将农业纳入碳交易市场，为农业持续减排提供政策和市场激励。

第十四讲
农业碳减排的技术选择和政策安排①

2020 年 9 月，中国国家主席习近平在联合国大会上宣布，中国二氧化碳排放力争于 2030 年前达到峰值，并努力争取在 2060 年前实现碳中和。② 这不仅体现了中国应对全球气候危机的雄心，也为农业的低碳发展提出了新的要求。农业既是重要的温室气体排放源，又是一个巨大的碳汇系统。据联合国粮食与农业组织（FAO）的统计，农业用地释放出的温室气体超过全球人为温室气体排放总量的 30%，相当于每年产生 150 亿吨的二氧化碳。然而，健康的农业生态系统可以抵消掉 80% 因农业导致的全球温室气体排放量。实现碳达峰，农业减排固碳既是重要手段，也有巨大潜力。

从中国农业温室气体的排放来源看，实现农业减排的途径主要有两个：一是投入品减量，特别是化肥的减量增效；二是废弃物资源化利用。此外，通过改善土壤，也可以增强农业的固碳能力（王青等，2012）。

一、减少化肥的温室气体排放

农田施肥是一氧化二氮主要的排放源，占我国一氧化二氮排放总量

① 金书秦，李颖，胡浚哲："农业碳减排的技术与政策"，《开放导报》，2021 年第 6 期，第 97-104 页。

② 《习近平在第七十五届联合国大会一般性辩论上的讲话》，《人民日报》，2020 年 9 月 23 日第 3 版。

的 74%（张卫红等，2015）。同时，肥料是资源依赖型产品，每生产 1 吨合成氨约需要 1000 立方米的天然气或 1.5 吨的原煤。据测算，如果氮肥利用率提升 10 个百分点，则可以节约 2.5 亿立方米的天然气或 375 万吨原煤（白由路和杨俐苹，2006）。因此，提升化肥利用率、减少化肥的施用对于实现农业低碳发展至关重要。

（一）合理选择氮肥种类

不同的理化条件对不同氮肥种类造成温室气体排放的影响不同。在有氧条件下，尿素中的一氧化二氮排放量大于其他氮肥，而在较高的水分含量下，一氧化二氮的排放量差异较小（Beauchamp，2003）。添加抑制剂或控制肥料释放对农田施肥的温室气体排放也有所影响。这类新型肥料可以分为物理包膜的缓释肥，以及添加硝化抑制剂和脲酶抑制剂的肥料（Weiske，2006）。抑制剂通过影响特定类型的微生物来影响土壤中氮元素的转化。硝化抑制剂抑制铵根离子（NH_4^+）向一氧化二氮以及随后的硝酸根离子（NO_3^-）转化。脲酶抑制剂则抑制了尿素的酶解作用，可使土壤中的氮元素以铵根离子的形式存在更长的时间，有利于作物的吸收，从而实现减排（Snyder et al.，2009）。有研究认为，施加常规氮肥和缓释肥对土壤甲烷和一氧化二氮的积累排放无显著影响，施加硝化抑制剂和脲酶抑制剂则能够显著降低土壤温室气体排放（姚凡云等，2019）。

（二）合理掌握施肥时间

施肥时间影响农田温室气体排放量。种植后期施肥（种植时施加总量的 33%，种植 6 周后施加 67%），能在保证粮食产量的同时，降低氮肥使用量：比起传统施肥方式，可有效减少 50% 的一氧化二氮和氧化氮（NO）排放（Matson et al.，1998）。Hultgreen（2003）的研究表明，春季施用氮肥比秋季施用氮肥的排放量更低。在作物开始吸收氮的时候施加可溶性氮肥，如尿素，由一氧化二氮排放造成损失的可能性会更小。

（三）加强用水管理

优化农业用水能间接或直接影响土壤理化性质，进而影响土壤温室气体排放。滴灌系统可在节水的同时减少一氧化二氮排放（Kallenbach et al.，2010）。雷豪杰等（2021）的研究认为，相比常规漫灌施肥，滴灌施肥可以显著减少蔬菜种植模式 19.0% 的一氧化二氮排放量，减少冬小麦—夏玉米轮作种植系统 35.0% 的一氧化二氮排放量。此外，当两种系统施氮量分别降低 50% 和 30% 后，在保证作物产量不变的前提下其减排贡献可分别扩大到 30.2% 和 45.8%。

（四）减少化肥用量

自 2005 年起，我国启动“测土配方施肥”项目，“测土配方施肥”项目涵盖土壤养分测定、施肥方案制定和正确施用肥料三大环节（白由路和杨俐苹， 2006）。张卫红等（2015）的研究证实了测土配方技术可以有效节约氮肥 20 ～ 35 千克 / 公顷。张灿强等（2016）的研究认为，在满足当前粮食产量的水平下，在全国范围内采用测土配方施肥的方法，小麦、玉米、水稻三大粮食作物主产区的化肥投入每年可消减 814.1 万吨，占这些地区三大粮食作物化肥使用总量的 27.6%，且每年可以减少碳排放 1045.9 万吨。

二、农业废弃物资源化利用

我国是农业废弃物产量最大的国家，且随着现代农业技术的发展，农业废弃物的产量呈现不断增多的趋势（冉昊和李敬韩，2019）。其中，农作物秸秆和禽畜粪便占比最大，这两种废弃物的资源化利用对于农业废弃物管理最为重要（孙振钧和孙永明，2006）。

（一）农作物秸秆资源化利用

我国农作物秸秆每年的产量达 8 亿吨以上，且呈现逐年上升的趋势。

焚烧秸秆是很多农户用来快速处理秸秆“占地”问题的解决方法（赵祥宇，2016），但是秸秆焚烧会直接导致空气中总悬浮颗粒数量的增加，并释放一氧化碳（CO）、二氧化碳（CO_2）、二氧化硫（SO_2）等气体（毕于运等，2009）。大量文献表明，秸秆资源化利用能够有效节能减排（宋杰，2017），但秸秆资源化利用存在着秸秆生产分散、季节性强、易腐烂、收集和存储成本大等问题（毕于运等，2009）。目前还没有针对将分散的秸秆收集、运输、集中、再加工的过程中产生的碳排放的核算研究，但是在计算通过秸秆资源化利用能避免或抵消温室气体排放的贡献时，应当考虑离田利用过程中产生的碳排放。秸秆综合利用有五种方式。

1. 秸秆饲料化

农作物秸秆粗纤维、矿物质含量高，蛋白、油脂等含量低，反刍动物直接利用率低，如果只饲喂秸秆难以满足反刍动物的营养需求（张文举等，2001）。因此，这类农业废弃物首先需要用物理、化学或青贮等方法进行加工处理，提高粗蛋白的消化能力和牲畜喂养效果，进而提升牲畜的经济效益（王宏立等，2003）。

2. 秸秆能源化

秸秆是一种很好的清洁可再生能源，平均含硫量只有 0.38%，而煤的平均含硫量约达 1%。使用农作物秸秆等农业废弃物作为发电替代物的成本比常规燃煤发电或直燃发电成本大幅减少，还可带来良好的环境效益（胡越，2010）。秸秆能源化节能率为 4.6×10^8 焦 / 吨，温室气体减排率为 319.66 千克二氧化碳当量 / 吨（宋杰，2017）。

3. 秸秆原料化

现阶段我国农业废弃物的主要利用方向是制备生物质炭。生物质炭是指以生物质或生物有机材料为原料，在低氧或缺氧条件下，经过相对低温热裂解炭化产生的一类高度芳香烃难熔性固态物质（王奕然，2020），其炭化过程中，能量向热量转化较少，从而避免了大量的碳遗失（潘根兴等，2017）。生物质炭中有超过 60% 的碳保留（Harder，2006），被认为是一种高度稳定、难降解的碳形式，可减缓碳和氮的释放（Lehmann et al.，2003）。生物质炭属于多孔碳材料，较大的表面积使其具有较强的吸附能力（高超，2020），以及一定的持水性（王奕然，2020），可以有效改良土壤的理化性质、提高土壤肥力（Gao et al.，2017）。大量研究证明，生物质炭的施用可以有效地减少一氧化二氮的排放（代琳，2017）。但是，生物质炭处理的土壤对甲烷的排放影响的研究结果差异很大。有的研究认为甲烷排放减少（Rondon et al.，2005），有的则认为甲烷排放增加（Zhang et al.，2010），还有的研究认为施用生物质炭对土壤甲烷的排放没有显著影响（Knoblauch et al.，2008）。由此来看，生物质炭对于主要温室气体排放的影响，可能取决于土壤类型、生物质炭的化学性质与输入量等多方面因素（Troy et al.，2013）。孙建飞等（2018）对 2014 年江苏省秸秆资源量及利用潜力的分析认为，如果将未被利用的秸秆进行热裂解炭化，可减少 381.16 万吨二氧化碳当量的排放，相当于全江苏省温室气体排放量的 1.88%。

4. 秸秆肥料化

秸秆肥料化利用的节能率为 1.15×10^9 焦 / 吨，温室气体减排率为 582.64 千克二氧化碳当量 / 吨（宋杰，2017）。利用生物质炭与传统化肥复合物制备的生物炭基缓释肥料（王成己等，2021）是兼具惰性和活性的有机质。生物质炭中的固定态有机碳骨架能作为载体，促进炭质、矿物质和化肥养分形成团聚体，减缓化肥快速的溶解释放速率，从而有效地减少化肥的使用量（潘根兴等，2017）。相比普通化肥，施用炭基肥能够降低小麦生长季一氧化二氮释放量的 56.01% ～ 63.53%（李正东等，2015），降低水稻生长季甲烷排放量的 25.45% ～ 50.58%（Qian et al.，2014）。此外，炭基肥被大量研究证明能够有效地吸附土壤中的营养元素、改善土壤的微环境、提高根系和土壤的活性、提高作物品质（魏春辉等，2016）。

5. 秸秆基料化

农作物秸秆主要由纤维素、木质素等大分子有机物组成，通过科学搭配可以制成培养食用菌所必需的培养基原料（张科研，2016）。秸秆基料化利用技术主要分为秸秆栽培草腐菌类技术（鸡腿菇、草菇、双孢蘑菇、大球盖菇等）和秸秆栽培木腐菌类技术（金针菇、香菇、茶树菇、平菇等）。该技术的应用，不仅降低了食用菌生产的成本，满足了消费者的使用需求，创造了良好的经济效益和社会效益，而且还同时使秸秆得到了有效的利用，保护了环境，得到了良好的生态效益（李海霞，2018）。另外，在培养食用菌的过程中还会产生诸如菌丝体、蘑菇糠等副产品。这些副产品具有较高的饲用价值，将其加工成蛋白饲料实现秸秆的过腹还田，可以形成"农作物秸秆—食用菌—饲料—粪便—还田"的绿色、高效的循环农业模式（张科研， 2016）。

（二）禽畜粪污资源化利用

我国每年畜禽粪便产生量超过10亿吨（杜梦菲，2020）。而温室气体甲烷排放的主要来源之一就是养殖业粪污管理。因此，有效减少粪便甲烷排放是实现低碳农业的重要途径（汪开英等，2010）。

1. 粪便堆肥

堆肥是一种较为传统的畜禽粪便处理方式。现代化堆肥工艺多为好氧堆肥（霍书豪等，2014）。堆肥过程中多种因素会对堆肥效果产生影响，包括堆肥的物料性质、添加剂性质、含水率、氧气浓度、温度、碳氮比、pH值等（杜梦菲，2020）。温度和pH值显著影响氨气（NH_3）的排放，堆肥高温期、pH值幅度较大时氨气排放显著增加。而一氧化二氮的排放主要在堆肥的前期和后腐熟期发生，通过添加不同性质的添加剂能有效改善氨气和一氧化二氮的排放。有研究证明，添加改性赤泥堆体或改性镁橄榄石堆体能够有效地减少堆肥过程中的氮素流失，同时减少温室气体（一氧化二氮）的排放（郑嘉熹等，2011）。堆肥过程中，氧气含量高，则二氧化碳的排放量大。而甲烷需要在厌氧条件下产生。因而，控制适量的氧气含量，不仅保持好氧微生物活性，也调节甲烷和二氧化碳等温室气体的排放（谢军飞和李玉娥，2003）。生物质炭的施用对畜禽粪便堆体的改良作用也很明显。施加生物质炭能够延长堆体高温保持时间、提高保水效果（Czekała et al.，2016），有效保持氮素、减少一氧化二氮和二氧化碳等温室气体的排放（张哲，2019）。

2. 沼气工程

沼气是一种替代传统能源的清洁能源，可以显著减少温室气体的排放（张培栋等，2008）。沼气工程的主要产物是沼气、沼渣和沼液，沼气一般含甲烷量为 55% ～ 70%。沼渣和沼液，即发酵后的残留物，其中所含的寄生虫卵比粪便中减少 90% 以上，可做高效绿色肥料使用（段茂盛和王革华，2003）。根据国家发展和改革委员会（2007）估算，按照“到 2010 年和 2020 年，中国年产沼气分别达到 4 亿立方米和 40 亿立方米的规模”目标预测，2010 年二氧化碳减排量将达到 560 万～ 1710 万吨，甲烷减排量达到 179 万吨；2020 年二氧化碳减排量将达到 1950 万～ 5990 万吨，甲烷减排量将达到 628 万吨（张培栋等，2008）。

三、提升土壤固碳能力

据估计，农业近 90% 的减排份额可以通过土壤固碳来实现（Metz et al.，2007）。联合国气候变化公约组织（UNFCCC）启动了“千分之四土壤增碳”计划，试图以土壤增碳抵消碳排放（程琨和潘根兴，2016）。我国是土壤贫碳的国家，1 米深土壤碳库仅为 900 亿吨碳当量（Xie et al.，2010）。从已有文献来看，可以通过以下途径提升土壤固碳能力。

（一）秸秆还田

秸秆还田是向土壤归还有机碳、发挥土壤碳汇作用的重要途径（李长生等，2003）。大量研究证明，秸秆还田能够使土壤有机碳含量显著上升（Liu et al.，2014）。秸秆还田主要有两种模式，一种是秸秆覆盖还田，通常与免耕结合作为保护性农业被广泛推广（Ranaivoson et al.，2017）；另一种是秸秆翻耕还田。

传统的翻耕制度能够增加土壤孔隙度，提高土壤透气性，同时也会增强土壤中的微生物活动，增大土壤有机物与空气的接触面积，加速土壤有机碳降解过程（李小涵等，2008），从而产生温室气体的排放。免耕可通过稳定土壤团聚体来改善土壤结构，保护土壤有机质免受微生物降解，从而降低土壤有机碳分解速率（Chen et al.，2015）。经过连年翻耕的土壤有机碳、氮等含量比保持免耕的土壤有显著的降低（徐阳春等，2002）。

保护性耕作能显著增加表层土壤有机碳含量，实现碳汇功能，改善农田生态环境。基于最小翻耕、作物残留形成土壤覆盖物和轮作的保护性农业在一些国家广泛推广（Ranaivoson et al.，2017）。最小化土壤扰动和作物残留物覆盖还田可以限制土壤水分蒸发，增加作物可利用水分，减少径流流失，降低水蚀和风蚀（Turmel et al.，2015），有效增加土壤碳含量，能够向碳储量耗尽的土壤中有效输入碳（Corbeels et al.，2006）。在秸秆全量还田条件下，翻耕能够有效缓解作物根系与秸秆腐解的“争氮”效应（Mohamed et al.，2019），且翻耕能显著降低全球增温潜能值和单位产量温室气体排放（伍芬琳等，2008）。但值得注意的是，稻草翻埋处理释放甲烷量比稻草覆盖免耕量高出54%。对比秸秆免耕还田，翻耕还田和旋耕还田的甲烷排放速率较快，且排放峰值较高、排放时间更靠前，主要集中在早稻生长前期（肖小平等，2007）。

（二）轮作

轮作是指将不同类型的作物按一定顺序在一定年限内在同一块农田内循环种植。轮作可以调节进入土壤的作物残茬、根系的种类和数量，有效增加土壤中有机碳含量（孙秀丽等，2009）。Hollinger 等（2005）的研究表明，轮作种植玉米和大豆的农田生态系统表现为碳汇效应，每平方米每年可以固碳 90 克。一项针对华北平原不同轮作模式的长期研究证明，不同轮作模式对土壤碳储量的影响各异：小麦—夏玉米的轮作模式碳汇速率最高，而春玉米连作模式短期内有机碳储量能够有所增加，但长期则表现出负增长的趋势（姜雨林等，2018）。

四、农业碳减排的国际经验

国际上对农业碳减排的实践和研究已不鲜见，对其进行研究和分析，借鉴相关经验做法、研究思路等，以此助力中国农业碳减排，实现中国农业低碳发展。

（一）北美洲

2003 年 6 月，美国成立了芝加哥气候交易所（CCX），建立了北美地区第一个自愿减排交易平台。该交易所有 400 多名会员，交易主体覆盖公司、州市、教育机构和包括全国农民联盟、爱荷华州农业局在内的农民及其组织。减排目标由会员自愿设置，但具有法律约束力。

在实现减排目标过程中，会员可以通过购买固碳指标、参与碳抵偿项目等途径来减少碳排放。芝加哥气候交易所基于市场机制，将温室气体排放权设计为期货进行交易，农民可以通过拍卖自己的固碳指标来取得收益，有效降低了农业二氧化碳排放。芝加哥气候交易所为会员提供了大量低价农业补偿项目，经由第三方审核后方可施行，如美国的垃圾填埋场甲烷处理项目和农业沼气收集项目，巴西的造林、再造林与森林保护项目。

交易所设置了系统交易平台，负责在注册账户持有人之间执行交易。美国全国农民联合会作为交易主体之一，在联合会内部开展了碳信用计划，允许计划内的各州农民通过免耕、少耕、草场种植等途径固碳减排，并以此获得收入。经交易所批准，农民联合会可以在账户中累计碳信用额度。

在种植业方面，美国政府推动专业化农业生产公司的发展建设，鼓励公司运用专业农业技术，为大型家庭农场提供规模化服务，提高生产效率，减少生产资源浪费，推动农业碳减排。

在畜牧业方面，美国建立以大学等研究机构为依托的农业科技体系。农业部与研究所合作开发基于全生命周期分析的温室气体排放监测系统，对牧场各个生产步骤的温室气体排放量进行计量与评估，并逐一提出针对性修改意见，减少生产过程中的碳损失；与奶牛场合作推广农业废弃物资源化利用项目，建设沼气池储存牲畜排泄物及其产生的甲烷，并加以处理利用。

（二）欧洲

德国是欧洲发展低碳农业的重要领导者。德国于2000年颁布《可再生能源法》，为发展可再生能源的目的及中长期发展目标提供了法律框架支持。历经10多年的发展、修订，通过增加条款等措施不断完善相关政策，这反映了国家层面对新能源发展领域的关注。德国在2009年推出二氧化碳捕集和封存法案，于2012年4月正式通过，法案领域覆盖作物种植，支持工业作物开发。

2019年5月，德国农业部可持续发展和气候保护司提出了十项减缓气候变化的措施和相应措施的减排目标，可减少1亿至1.5亿吨二氧化碳排放。具体到畜牧业方面的措施包括：（1）通过分析奶牛对不同环境条件的生理反应来确定最佳动物舒适度，降低温室气体排放和其他有害气体、减少病原体；（2）智能通风系统优化动物舍气候；（3）推广低蛋白日粮，减少动物粪便中的含氮量；（4）增加奶牛产奶周期，降低奶牛甲烷排放；（5）动物粪便舍外储存，液体粪便覆盖，降低液体粪便的固体含量，增加沼液的含氮量；（6）厌氧发酵和酸化粪便减少氨气排放，沼液深施减少氨排放。种植业方面的措施包括：（1）田间条件自动监测系统为施肥、耕作、灌溉等生产系统提供基础数据支撑；（2）农药、化肥精确施用，减少氮肥施用量，降低土壤的含氮量；（3）湿地恢复，减少土壤二氧化碳排放；（4）草地保护，停止草地开垦为农田。

（三）亚洲

2013 年 11 月，日本颁布了《农村地区可再生能源法》，在建设低碳社会的同时，大力发展农业可再生能源、推广低碳农业模式。印度、孟加拉国等在水稻主产区针对节能低碳技术开展集成化应用实践，内容主要有：选择低碳排放水稻品种，进行水稻直播和干湿交替灌溉，开展保护性耕作，以此在保证水稻产量的情况下，有效减少稻田甲烷排放（Bhatt R.et al.，2015）。印度根据农田类型进行化肥分类施用，提高化肥利用效率，减少温室气体排放。在缅甸，通过鸽豆—作物间作，农民可以燃烧鸽豆秸秆来解决生活燃料短缺问题（Bogdanski A.，2012）。

（四）大洋洲

澳大利亚优化耕作和种植模式，开展农田和草地的轮作或间作，以此提高土壤固碳能力，减少温室气体排放，采取的主要措施包括：利用自然生态系统具有更高固碳率的特点，将闲置农地改为自然生态系统；减少化石能源消耗，种植利用生物质作物以减少碳排放；减少氧化亚氮排放，精确定位施肥；通过免耕套种保持草地长时间全面覆盖，增加土壤固碳能力。

参考文献

[1]　白由路，杨俐苹．我国农业中的测土配方施肥 [J]．土壤肥料，2006(2)：3-7.

[2]　毕于运，王亚静，高春雨．我国秸秆焚烧的现状危害与禁烧管理对策 [J]．安徽农业科学，2009(27)：13181-13184.

[3] 程琨，潘根兴．“千分之四全球土壤增碳计划”对中国的挑战与应对策略［J］．气候变化研究进展，2016（5）：457-464.

[4] 代琳．生物质炭制备及对白浆土改良效果和温室气体排放的影响［D］．哈尔滨：东北农业大学，2017.

[5] 杜梦菲．畜禽粪便堆肥甲烷生成——氧化特征及其影响因素研究［D］．哈尔滨：哈尔滨工业大学，2020.

[6] 段茂盛，王革华．畜禽养殖场沼气工程的温室气体减排效益及利用清洁发展机制（CDM）的影响分析［J］．太阳能学报，2003（3）：386-389.

[7] 高超．农业废弃物资源化利用技术的应用进展［J］．湖北农机化，2020（13）：32-33.

[8] 国家发展和改革委员会．可再生能源中长期发展规划［R］．2007.

[9] 管大海，张俊，王卿梅，等．气候智慧型农业及其对我国农业发展的启示［J］．中国农业科技导报，2017（10）：7-13.

[10] 胡越．生物质能秸秆发电：可再生能源的开发与利用［J］．科技传播，2010（24）：198.

[11] 霍书豪，董仁杰，庞昌乐，等．畜牧业粪污减量与资源化利用的实现［J］．中国沼气，2014（5）：29-32.

[12] 姜雨林，陈中督，逯晋松，等．华北平原不同轮作模式固碳减排模拟研究［J］．中国农业大学学报，2018（1）：19-26.

[13] 金书秦，林煜，牛坤玉．以低碳带动农业绿色转型：中国农业碳排放特征及其减排路径［J］．改革，2021（5）：1-9.

[14] 雷豪杰，李贵春，柯华东，等．滴灌施肥对两种典型作物系统土壤 N_2O 排放的影响及其调控差异［J］．中国农业科学，2021（4）：768-779.

[15] 李海霞．秸秆基料化栽培食用菌生产技术［J］．现代农业科技，2018（23）：121-123.

[16] 李小涵，郝明德，王朝辉，等．农田土壤有机碳的影响因素及其研究［J］．干旱地区农业研究，2008（3）：176-181.

[17] 李长生，肖尚明，S. Frolking, 等．中国农田的温室气体排放［J］．第四纪研究，2003（5）：493.

[18] 李正东，陶金沙，李恋卿，等．生物质炭复合肥对小麦产量及温室气体排放的

影响 [J]. 土壤通报，2015(1)：177-183.
[19] 潘根兴，卞荣军，程琨. 从废弃物处理到生物质制造业：基于热裂解的生物质科技与工程 [J]. 科技导报，2017(23)：82-93.
[20] 冉昊，李敬韩. 农业废弃物资源化与农村生物质能源利用的现状与发展 [J]. 节能与环保，2019(6)：77-78.
[21] 宋杰. 中国秸秆利用的节能减排仿真：气候变化减缓 [D]. 大连：大连理工大学，2017.
[22] 孙建飞，郑聚锋，程琨，等. 基于可收集的秸秆资源量估算及利用潜力分析 [J]. 植物营养与肥料学报，2018(2)：404-413.
[23] 孙秀丽，许信旺，薛芳. 增加农田土壤碳汇效应研究进展 [J]. 池州学院学报，2009(3)：80-83.
[24] 孙振钧，孙永明. 我国农业废弃物资源化与农村生物质能源利用的现状与发展 [J]. 中国农业科技导报，2006(1)：6-13.
[25] 汪开英，黄丹丹，应洪仓. 畜牧业温室气体排放与减排技术 [J]. 中国畜牧杂志，2010(24)：20-22.
[26] 王成己，唐莉娜，胡忠良，等. 生物炭和炭基肥在烟草农业的应用及展望 [J]. 核农学报，2021(4)：997-1007.
[27] 王宏立，张祖立，白晓虎. 秸秆饲料资源开发利用的研究进展 [J]. 沈阳农业大学学报，2003(3)：228-231.
[28] 王青，郑红勇，聂桢祯. 低碳农业理论分析与中国低碳农业发展思路 [J]. 西北农林科技大学学报. 社会科学版，2012(3)：1-7.
[29] 王奕然. 秸秆生物质炭对土壤酶活性和农田温室气体排放的影响 [D]. 淮北：淮北师范大学，2020.
[30] 魏春辉，任奕林，刘峰，等. 生物炭及生物炭基肥在农业中的应用研究进展 [J]. 河南农业科学，2016(3)：14-19.
[31] 伍芬琳，张海林，李琳，等. 保护性耕作下双季稻农田甲烷排放特征及温室效应 [J]. 中国农业科学，2008(9)：148-154.
[32] 肖小平，任芬琳，黄风球，等. 不同稻草还田方式对稻田温室气体排放影响研究 [J]. 农业现代化研究，2007(5)：629-632.
[33] 谢军飞，李玉娥. 不同堆肥处理猪粪温室气体排放与影响因子初步研究 [J]. 农业环境科学学报，2003(1)：56-59.

[34] 徐阳春，沈其荣，冉炜．长期免耕与施用有机肥对土壤微生物生物量碳、氮、磷的影响 [J]．土壤学报，2002(1)：89-96.

[35] 姚凡云，王立春，多馨曲，等．不同氮肥对东北春玉米农田温室气体周年排放的影响 [J]．应用生态学报，2019(4)：1303-1311.

[36] 张灿强，王莉，华春林，等．中国主要粮食生产的化肥削减潜力及其碳减排效应 [J]．资源科学，2016(4)：790-797.

[37] 张科研．江苏省农作物秸秆综合利用技术评价 [D]：南京农业大学，2016.

[38] 张培栋，李新荣，杨艳丽，等．中国大中型沼气工程温室气体减排效益分析 [J]．农业工程学报，2008(9)：239-243.

[39] 张卫红，李玉娥，秦晓波，等．应用生命周期法评价我国测土配方施肥项目减排效果 [J]．农业环境科学学报，2015(7)：1422-1428.

[40] 张文举，王加启，龚胜，等．秸秆饲料资源开发利用的研究进展 [J]．中国畜牧兽医，2001(3)：15-18.

[41] 张哲．不同物料生物质炭——有机肥堆肥对旱地红壤温室气体排放的影响 [D]．南昌：南昌工程学院，2019.

[42] 赵维，蔡祖聪．氮肥品种对亚热带土壤 N_2O 排放的影响 [J]．土壤学报，2009(2)：248-254.

[43] 赵祥宇．我国秸秆焚烧的现状危害与禁烧管理对策 [J]．改革与开放，2016(4)：127-128.

[44] 郑嘉熹，魏源送，吴晓凤，等．猪粪堆肥过程保氮固磷及温室气体（NO_2）减排研究 [J]．环境科学，2011(7)：2047-2055.

[45] Beauchamp M T G. Nitrous oxide production from granular nitrogen fertilizers applied to a silt loam soil[J]. Canadian Journal of Soil Science, 2003, 83(5): 521-532.

[46] Bhatt R, Kukal S S. Direct seeded rice in South Asia[M]//Sustainable agriculture reviews. Springer, Cham, 2015: 217-252.

[47] Bogdanski A. Integrated food - energy systems for climate-smart agriculture[J]. Agriculture & Food Security, 2012, 1(1): 1-10.

[48] Chen Z D, Dikgwatlhe S B, Xue J F, et al. Tillage impacts on net carbon flux in paddy soil of the Southern China[J]. Journal of Cleaner Production, 2015, 103(sep. 15): 70-76.

[49] Corbeels M, Scopel E, Cardoso A, et al. Soil carbon storage potential of direct seeding mulch-based cropping systems in the Cerrados of Brazil[J]. Global Change Biology, 2006, 12(9): 1773-1787.

[50] Czekała W, Mali ń ska K, Cáceres R. Co-composting of poultry manure mixtures amended with biochar—The effect of biochar on temperature and C-CO_2 emission[J]. Bioresource Technology, 2016, 200: 921-927.

[51] Gao L, Wang R, Shen G M et al. Effects of biochar on nutrients and the microbial community structure of tobacco-planting soils[J]. J Soil Sci Plant Nut, 2017, 17(4): 884-896.

[52] Harder B. Smoldered-Earth policy: Created by ancient amazonian natives, fertile, dark soils retain abundant carbon[J]. Sci News, 2006, 169(3): 133.

[53] Hollinger S E, Bernacchi C J, Meyers T P. Carbon budget of mature no-till ecosystem in North Central Region of the United States[J]. Agricultural and Forest Meteorology, 2005, 130(1-2): 59-69.

[54] Hultgreen G E. Effect of nitrogen fertilizer placement, formulation, timing, and rate on greenhouse gas emissions and agronomic performance[J]. Heart, 2003, 92(12): 2075-2082.

[55] Kallenbach C M, Rolston D E, Horwath W R. Cover cropping affects soil N_2O and CO_2 emissions differently depending on type of irrigation[J]. Agriculture Ecosystems & Environment, 2010, 137(3 - 4): 251-260.

[56] Knoblauch C, Marifaat A, Haefele S. Biochar in rice-based system: Impact on carbon mineralization and trace gas emissions[J]. 2008.

[57] Lehmann J, Jr J P D S, Steiner C, et al. Nutrient availability and leaching in an archaeological Anthrosol and a Ferralsol of the Central Amazon basin: Fertilizer, manure and charcoal amendments[J]. Plant & Soil, 2003, 249(2): 343-357.

[58] Liu C, Lu M, Cui J, et al. Effects of straw carbon input on carbon dynamics in agricultural soils: A meta - analysis[J]. Global Change Biology, 2014, 20(5): 1366-1381.

[59] Matson P A, Naylor R, Ortiz-Monasterio I. Integration of environmental, agronomic, and economic aspects of fertilizer management[J]. Science, 1998,

280(5360): 112-115.

[60] Metz B, Davidson O, Bosch P. Climate change 2007: Mitigation of climate change[M]. Cambridge: Cambridge University Press, 2007.

[61] Qian L, Chen L, Joseph S, et al. Biochar compound fertilizer as an option to reach high productivity but low carbon intensity in rice agriculture of China[J]. Carbon Management, 2014, 5(2): 145-154.

[62] Ranaivoson L, Naudin K, Ripoche A, et al. Agro-ecological functions of crop residues under conservation agriculture: A review[J]. Agronomy for Sustainable Development, 2017, 37(4): 26.

[63] Rondon M, Ramirez J A, Lehmann J. Greenhouse gas emissions decrease with charcoal additions to tropical soils[J]. 2005.

[64] Ross K. Preparing for an uncertain future with climate smart agriculture[J]. California Agriculture, 2016, 70(1): 4-5.

[65] Snyder C S, Bruulsema T W, Jensen T L, et al. Review of Greenhouse Gas Emissions from Crop Production Systems and Fertilizer Management Effects[J]. Agriculture Ecosystems & Environment, 2009, 133(3-4): 247-266.

[66] Troy S M, Lawlor P G, O Flynn C J, et al. Impact of biochar addition to soil on greenhouse gas emissions following pig manure application[J]. Soil Biology & Biochemistry, 2013, 60: 173-181.

[67] Turmel M S, Speratti A, Baudron F, et al. Crop residue management and soil health: A systems analysis[J]. Agricultural Systems, 2015, 134: 6-16.

[68] Weiske A. Selection and specification of technical and management-based greenhouse gas mitigation measures in agricultural production for modelling[J]. 2006.

[69] Xie Z, Zhu J, Liu G, et al. Soil organic carbon stocks in China and changes from 1980s to 2000s[J]. Global Change Biology, 2010, 13(9): 1989-2007.

[70] Zhang A, Cui L, Pan G, et al. Effect of biochar amendment on yield and methane and nitrous oxide emissions from a rice paddy from Tai Lake plain, China[J]. Agriculture Ecosystems & Environment, 2010, 139(4): 469-475.

可以借鉴家电行业的能效标签，给农产品贴上碳标签。这样消费者可以选择购买低碳的农产品。碳标签可从三个渠道帮助低碳生产者获得收益：通过农产品溢价直接获得经济收益；通过获得绿色信贷等金融服务降低生产者资金成本；通过碳交易将低碳农产品承载的减碳量转化为可兑现的碳资产。

第十五讲
农业碳汇价值实现的路径探索①

实现碳达峰、碳中和是一场广泛而深刻的经济社会系统性变革。近年来，我国以“双碳”目标为导向，绿色生产和消费政策转型步伐明显加快。特别是随着全国碳市场正式上线运行，建立行业碳排放信息披露机制已然成为大势所趋。农业既是全球温室气体重要的排放源，同时又是一个巨大的碳汇系统。根据中国 2019 年提交的《中华人民共和国气候变化第三次国家信息通报》，农业部门温室气体排放约占我国全部温室气体排放的 8.3%，是最大的非二氧化碳温室气体排放源。如果进一步考虑农机、化肥、农药等关联产业需求所产生的间接碳排放，农业活动温室气体排放占比可能更大（黄祖辉等，2011；戴小文，2014）。与此同时，农业在固碳增汇方面拥有重大潜力。据测算，全球 1 米深土层的土壤储存了约 1.5 万亿吨的有机碳，这些土壤的 45% 是农田、牧场等农业生产用地，固碳能力约为每年 10 亿吨碳当量（Paustian K et al., 2019）。

截至目前，农业减排固碳的经济价值尚未得到充分体现，主要原因在于工业文明增长范式下形成的商业模式难以实现生产和消费的绿色转

① 金书秦，丁斐，胡钰：“农产品碳标识赋能农业生态价值实现：机理与建议”，《改革》，2022 年第 8 期，第 57-66 页。

型，生产者无法从具有相同或相似使用价值的农产品中获得减排固碳的市场溢价。因此，有必要引入碳标识制度，以促进农业生产领域环境信息披露机制的建立健全，为减排固碳所形成的生态效益向经济价值和社会效益转化提供有效制度支撑。

一、概念界定与理论基础

（一）农产品碳标识的概念

农产品碳标识是碳标识（Carbon Labeling）在农产品领域的具体应用，是揭示农产品碳排放状况的重要信息披露工具，可用于记录农产品在原料采购、制造加工、物流运输、终端消费和废弃物循环利用处理等全生命周期环节内的温室气体排放情况，折算为二氧化碳当量后以标签形式告知消费者（Guenther M et al., 2012；刘田田等，2015）。

从国内外碳标识实践看，农产品碳标识分为企业自愿贴标和政府强制贴标两类。企业自愿贴标由企业根据既有方法学自主核算和贴标，有助于厘清企业生产环节的环境成本，树立绿色企业形象，提升产品附加值。政府强制贴标则由政府直接组织或聘请第三方机构对特定区域或品种的农产品碳排放状况进行核算并贴标，目的在于强化生产者信息披露管理，引导消费者绿色消费。

目前，世界各国普遍以生命周期评价法（Life Cycle Assessment，LCA）作为主流评估方法，并在此基础上形成了一些碳足迹测算方法学。其中英国环境食品与乡村事务部制定的 PAS2050 标准、世界可持续发展工商理事会与世界资源研究所联合制定的温室气体核算体系（GHG Protocol）以及国际标准化组织制定的 ISO 14067 标准具有典型代表性。

（二）农产品碳标识的经济学理论基础

碳标识披露了农业生产环节的碳足迹情况，不仅有助于生产者核算农产品生产环节所发生的碳成本，也有助于消费者和相关第三方获得更加完备的环境成本信息，对于引导绿色消费、促进碳交易和碳金融起到积极作用。其背后的经济学机理主要包括信号激励理论和外部性理论。

信号激励理论认为，消费者效用最大化的前提是信息的对称性与完备性（Cohen et al., 2012）。但由于碳足迹核算存在相当高的技术门槛，消费者不可能掌握全部生产信息。在信息不完备的条件下，消费者只能依据最终产品所带来的个体效用进行产品选择（Nelson，1970）。碳标识实现了隐形社会成本或收益的显性化表达。在信息披露成本很低的情况下，厂商会选择主动披露信息释放信号吸引消费者，原因在于消费者容易推断出不愿意披露信息的产品意味着“低质量”（Grossman，1981）。然而企业自主披露信息缺乏公允性，消费者更倾向于选择第三方机构披露的信息，以避免道德风险与欺诈问题（Darby and Karni，1973）。对于企业来说，如果来自第三方的信号具有较强的公允性，企业愿意主动进行信息披露，以表明自己产品的高质量（Bederson et al., 2018）。具体到碳标识上，一旦农产品碳标识实现广泛的社会普及和认可，低排放的农产品生产者倾向于通过贴标方式主动披露碳排放信息，引导消费者在信息充分的条件下做出理性选择（张露、郭晴，2014）。

外部性理论认为，个体行为在无须承担任何成本的情况下，可能对第三方部门造成正面或负面影响，从而造成个人成本收益与社会成本收益之间的背离，降低资源配置效率。解决这一问题的根本路径是实现外部成本的内部化表达（Newell and Siikamaeki，2014；Onozaka et al., 2016），农产品碳标识是解决农业绿色发展外部性问题的一项基础性制度安排，在明确生产者环境责任的同时，也为评估农业绿色生产的环境贡献提供量化依据。实证研究结果也表明，在一定条件下，消费者出于责任感和环境道德，会主动购买低碳产品，而碳标识恰好为消费者提供了低碳消费信息，对于明确交易标的、构建交易市场起到重要积极作用（Li et al., 2017；Babakhani et al.,2020）。

二、农产品碳标识的作用及其助力农业生态价值实现的路径

中国既是农业大国，也是温室气体排放大国。农业农村减排固碳，既是重要举措，也是潜力所在。近年来，中国以“双碳”目标为导向，绿色生产和消费政策转型步伐明显加快。特别是随着全国碳市场正式上线运行，建立行业碳排放信息披露机制已然成为大势所趋。以农产品碳标识为载体促进农业生态价值实现，是完善生态产品价值实现机制的重要内容。

（一）农产品碳标识的作用

农产品碳标识可在厘清农业部门排放特征、引导社会生产与消费预期、助推农业领域碳排放监测报告核查体系（MRV 体系）建立健全、规避潜在的碳贸易壁垒和为碳金融发展提供信用背书五个方面发挥作用。

1. 厘清农业部门排放特征，促进农业生产减排技术路线的科学制定

农业温室气体排放源多、排放量大、排放构成复杂。从排放源来看，农业生产过程中的温室气体排放不仅包括土地耕作、水稻种植、粪便管理和秸秆焚烧等直接生产过程中产生的温室气体排放，也包括隐含在农业投入品和服务的生产、流通、服务等全产业链中的温室气体排放。从排放量看，农业、林业和其他土地利用（AFOLU）约占全球温室气体排放量的 24%，且多为农业生产过程中自然形成的刚性排放，减排压力大。从排放构成来看，氮氧化物、甲烷、二氧化碳构成了农业部门排放的“三驾马车”（金书秦等，2021）。依据农产品碳标识提供的相关信息，生产

者可以了解生产环节中的温室气体排放情况，制定科学的减排技术路线，有助于强化农业及其关联产业部门的绿色生产责任。

2. 引导社会生产与消费预期，在全社会树立绿色生产和消费的理念

在生产层面，农产品碳标识起到了产品质量和生产者责任的信号作用，向市场传递企业负责任生产的企业形象，有助于维护企业品牌价值。在消费层面，农产品碳标识作为一种环境信息披露机制，向消费者明确告知了农产品全生命周期的温室气体排放信息，消费者可以甄别出具有相同或相似使用价值产品背后所反映的社会成本，更有助于引导消费者树立绿色消费理念。

3. 助推农业领域碳排放监测报告核查体系建立健全

自 2007 年《巴厘岛路线图》达成以来，促进减缓行动 “可测量、可报告和可核查”（Measurable, Reportable and Verifiable，MRV）成为各国目标。MRV 体系是确保碳核算制度公正、可信的制度保障，也是碳排放交易的重要制度前提。但相较发达国家和电力等国内重点控排行业，农业部门 MRV 体系发展仍然滞后（王田等，2020）。农业 MRV 体系可以农产品碳标识制度为载体，进一步完善农业领域温室气体排放核算方法学，为下一步探索农业碳汇价值实现机制奠定基础。

4. 规避潜在的碳贸易壁垒

中国既是牛肉、大豆等软性大宗商品的净进口国，也是装备制造、纺织品加工等碳密集工业制成品的重要出口国，且不少进出口产品在国际市场上缺乏议价权。近年来，欧盟力推“碳边境调节机制”（Carbon Border Adjustment Mechanism，CBAM），一旦软性大宗商品出口国或工业制成品重要进口国要求核算碳成本或征收碳税，对于我国粮食安全和产品出口都将带来明显的负面影响。农产品碳标识制度实施后，农业生产中固碳增汇所形成的减排量可以被核算并认可，其额度既可用于抵消工业制成品生产过程中的碳排放，也可用于与软性大宗出口国谈判碳排

放的贸易互抵机制。既有助于规避未来国际贸易中潜在的碳贸易壁垒问题，同时也将在全球生态环境治理中强化中国声音。

5. 为碳金融发展提供信用背书

要把农业固碳增汇所体现的生态价值转化为经济价值，实现碳资产的可计量性与公允性是基本前提。碳标识制度将为碳金融的发展创造条件。以碳资产为标的，可以开发碳抵押、碳质押金融产品，进一步可促进碳债券、碳基金等金融衍生品的开发，对于盘活农业碳汇资产和丰富农户融资手段起到重要作用。

（二）碳标识助力农业生态价值实现的路径

环境标识的本质是将消费者无法通过产品本身辨识、隐含于产品生产过程中的环境友好行为和价值以可信、易理解的方式展现出来，碳标识侧重于其中的减排固碳价值。依托碳标识，有三条路径可以助力农业生态价值实现（见图 15-1）。

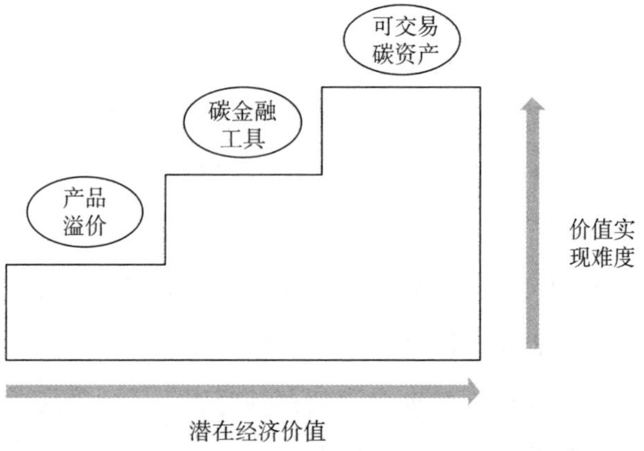

图 15-1　碳标识助力农业生态价值实现的可行路径

数据来源：作者根据相关资料整理、绘制。

1. 通过农产品溢价直接获得经济收益

碳标识所承载的信息向消费者清晰地反映了农产品生产过程的清洁

程度，随着人们环境健康意识和支付能力的同步提高，消费者更加愿意为环境友好的产品支付高价，这就意味着采取低碳生产方式的农产品更易获得更高的价格。该路径的优点在于无须太多其他制度安排，可以通过较为便利的方式将农户减排的外部成本内部化。该路径的缺点在于价格推高带动农产品供求关系发生变化。一方面，消费者并不愿意承担减排带来的全部成本，从而导致市场上出现“劣币驱逐良币”的状况。另一方面，农户也担心提价导致市场竞争力下降，因而缺乏采用清洁生产工艺的意愿。为确保该路径的畅通有效，需要在前端做好引导农户预期的工作，例如通过补贴方式降低农户减排成本，提高低排放农产品的生态溢价。

2. 通过获得绿色信贷等碳金融服务降低生产者资金成本

未来碳标识可以成为农业生产主体获得金融机构授信的重要依据，越低碳的生产者越易于获得低利率的绿色信贷。此外，还可以将农业生产过程中形成的减排增汇量用作抵押或质押标的，转化为金融市场上认可的绿色债券、绿色信贷等交易性金融资产，更可以进一步创新碳期货、碳期权等衍生金融工具。相比于绿色消费溢价路径，该路径下农户与金融机构对接，降低了交易成本与农户需要承担的市场风险，并且通过约定融资用途，可以引导农户进一步将融资用于引进和应用可持续生产工艺，有助于稳定农户、银行和农机研发等多个部门的供求关系预期，促进农业控排技术的可持续发展。然而，该路径的风险点在于，在碳交易市场尚不健全的前提下，碳金融工具成本收益状况并不明朗。金融机构出于逐利性，往往缺少开发碳金融工具的意愿。这时有必要加强政策性金融介入，在前期起引导和示范作用。

3. 将农业碳汇转化为可交易碳资产，通过碳交易手段变现碳资产价值

可直接交易碳资产是碳标识促进农业生态价值实现的高级形态，在具备成熟的碳汇和碳排放权交易制度条件下，将农业生产过程中形成的减排量用于抵消工业企业应清缴的排放配额，农业减排固碳所增加的碳

汇额度能够以商品形式在市场上进行交易。该方案的优点在于，固碳增汇的生态价值能够通过市场手段直接转化为经济价值，对于农户而言能够实现“落袋为安”，交易成本和风险大大降低了。但这一方案仍然存在缺点：其一，前端制度规范要求更高，必须依托较为完备的碳排放权交易制度才有可能实现农业生态价值；其二，抵消清缴交易存在政策管控可能性。以国家核证自愿减排（CCER）为例，在各省碳市场试点过程中，CCER 抵消机制的规定比例约为 5% ～ 10%，但由于市场交易额较小、管理不规范等问题，碳市场交易仍以配额交易为主，CCER 市场 2017 年后陷入停滞。因此，若想将农业减排成果向可直接交易碳资产转化，不仅需要方法学的成熟与完善，还需要以公平有序的交易规则为基础，但碳标识将为未来农业领域进入碳市场奠定基础。

三、碳标识助力农业生态价值实现的具体实践与启示

当前，我国农产品碳标识制度尚未起步，相关制度建设仍不健全（何可等，2022）。国际上，巴西开展了零碳牛肉和低碳大豆的认证和贴标工作，巴西是我国牛肉和大豆进口的主要对象国，近年来围绕大豆和牛肉进出口问题引发的亚马孙森林毁坏的争论也成为国际热点问题。巴西在农产品碳标识方面的探索值得我们深入研究。此外，我国在制造业领域已经非常成熟的能效标识制度和农产品领域开展的相关认证和标识制度都可以为农产品碳标识提供有益的经验借鉴。

（一）巴西碳中和牛肉标识

巴西是世界上重要的牛肉生产与出口国，同时承担着保护亚马孙热带雨林的国际责任。2010 年，为降低农业生产温室气体排放，巴西政府实施了低碳农业计划（Agricultura de Baixa Emissão de Carbono，ABC 计划）。在 ABC 计划指引下，为提升牛肉产品出口附加值和应对牧场退

化问题，具有政府背景的巴西农牧业研究公司（Embrapa）于 2015 年提出巴西碳中和牛肉的概念，研发了碳中和牛肉标识方法学，并注册了“碳中和巴西牛肉”标识。即在牛肉生产过程中的温室气体能够被林牧或农林牧系统中的树木所中和。

巴西碳中和牛肉标识制度按照以下步骤运作。第一，设立基准情景。按照 ABC 计划规则，基准情景分为林牧业系统情景（ILF）和农林牧业系统情景（ICLF），任何农业生产活动必须根据生产地理环境选择某一基准情景。在 ILF 和 ICLF 基准情景下，碳汇存量不纳入统计，只核算生产周期内的碳汇变动情况。第二，核算温室气体排放。以 IPCC 发布的国家温室气体排放清单指南为依据，核算牛肉生产的温室气体排放情况。第三，计算抵消额度。根据牛肉生产的温室气体排放情况，采用 Embrapa 开发的 SIS 软件在 ILF/ICLF 系统内核算抵消碳排放所需的林木数量。第四，用途承诺。根据 ABC 计划，抵消项目的林木必须用于生产制成品家具或其他高附加值产品，以确保 ILF/ICLF 系统中和的温室气体不在短期内泄露。第五，颁发碳标识。Embrapa 对于承诺参与抵消机制的牛肉产品颁发碳中和牛肉标识。第六，核查审计。依托联邦、州或市各级公共或私人第三方机构，聘请独立审计师对碳标识项目进行独立第三方审计，确保碳标识牛肉在操作层面的可信性和公允性。

ABC 计划下的碳中和牛肉标识从制度上为畜牧业发展可能带来的毁林问题提供了解决方案，与此同时，ILF/ICLF 系统鼓励通过种树获得收益，给农民带来更多回报，对于投资能力低的农民或不愿意申请信贷的农民具有较强吸引力。

（二）国内相关绿色标识制度

我国农产品碳标识制度尚处于探索阶段，但在农产品绿色标识和其他行业的碳标识制度建设上已经形成了一定经验积累，对于未来推进农产品碳标识制度提供了工作经验。

1. 农产品“三品一标”认证标识制度

当前，农产品“三品”是指绿色食品、有机农产品和农产品地理标志，“一标”是食用农产品达标合格证制度。早在 20 世纪 90 年代，原国家农业部出台了《绿色食品标志管理办法》，如产品满足产自优良生态环境、按照绿色食品标准生产、实行全程质量控制等条件，申请人可向中国绿色食品发展中心及其各省办公室申请绿色食品标识，这一制度延续至今，已成为具有较高公信力的绿色产品标识。有机农产品认证也是我国农产品生产重要的环境标识，根据《中华人民共和国认证认可条例》《有机产品认证管理办法》，以及国际通行做法，申请有机农产品必须承诺农业生产环节不得使用化学合成的农药、化肥、生长调节剂、饲料添加剂，以及基因工程生物及其产物。农产品地理标志是指标示农产品来源于特定地域，产品品质和相关特征主要取决于自然生态环境和历史人文因素，并以地域名称冠名的特有农产品标志。根据《农产品地理标志管理办法》规定，农业农村部负责全国农产品地理标志的登记工作。截至目前，“三品一标”制度已成为农产品绿色标识的重要制度安排，围绕“三品一标”，国内业已形成了较为成熟的工作机制，为农产品碳标识的认证与推广积累了宝贵的工作经验。

2. 制造行业的能效标识制度

我国能效标识制度正式实施于 2005 年 3 月 1 日，依据是 2004 年国家发展改革委和原国家质检总局发布的《能源效率标识管理办法》，目前参照实施的有效版本是 2016 年修订版。能效标识制度整体上采用“企业自我声明 + 备案 + 监督管理”的实施模式，即企业利用自有或第三方具有资质的检测机构自行检测产品能效等级，然后向中国标准化研究院对产品型号进行备案，销售之前贴上统一样式的能效标识标签，标签内容主要包括生产者名称、产品规格型号、能效等级、能效指标、依据的能源效率强制性国家标准编号、能效信息码（产品二维码）等，行政主管部门对产品能效标识使用实行监督管理。能效标识制度有效促进了家用电器、制冷空调、电子办公、照明产品、工业设备等领域的能效提升，对于消费端提高能源集约利用水平起到关键作用。

3. 农产品生产领域自愿碳标识认证

以山东西王食品有限公司为例，该企业依据 ISO 14067 方法学，在 2020 年对其生产的玉米胚芽油进行全生命周期温室气体排放核算，该项目也是国内食用油行业首张碳标签。核算范围涉及原材料获取（玉米种植、胚芽生产）、原材料运输、产品生产（毛油生产、玉米胚芽油精炼、产品包装）到出厂的生命周期各环节。据测算，单位功能产品的碳足迹为 22 克二氧化碳当量，主要排放环节在原材料获取阶段，约为 76.53%。在初级农产品领域，2021 年，浙江临安的天目水果笋为其贴上了浙江省内首张碳标签，该标签显示每千克天目水果笋可吸收二氧化碳 43.53 克。碳标识所提供的温室气体排放数据为后续优化节能降耗生产技术、加大低碳设计研发、进一步优选节能型设备提供了依据，有助于树立企业支持低碳可持续发展、积极履行社会责任的良好形象。

（三）国内外相关实践的经验启示

国内外相关农产品碳标识的政策实践在以下方面具有政策启示作用。

1. 农产品碳标识是有助于促进多方共赢的制度安排

在农户个体层面，农产品碳标识制度实现了农业生产减排固碳生态效益的具体量化，有助于促进农民增收和转变生产理念；在企业层面，农产品碳标识制度的实施为农业减排固碳项目进入碳市场打下基础，在未来的碳排放权交易市场中，企业可以拥有更多选择，并且有助于树立负责任生产者的良好形象。在政府层面，农产品碳标识制度实施有助于促进农业部门实现绿色转型，对于实现碳达峰、碳中和目标，兑现国家自主贡献承诺起到积极作用；在全球生态文明治理层面，农产品碳标识制度为其他国家提供经验借鉴，促进全球农业绿色转型与发展。

2. 农产品碳标识制度有助于创新现有商业模式

由于碳标识实现了碳资产的量化核算，为进一步创新商业模式提供机遇。比如，第三方机构可以参与到农产品碳排放核算中来，催生出新的职业需求；随着经济社会发展水平不断提高，消费者对绿色溢价认可度也与日俱增，再加上碳排放权交易市场不断趋于成熟完善，农业减排固碳的成效能够变为实实在在的经济收益，经济激励能够在一定程度上引导农户生产预期，促进农业转型。

四、碳标识助力农业生态价值实现的利益相关者分析

（一）利益相关者类型

农产品碳标识涉及前端环节的制度流程方案制订与部门协调、中端环节的温室气体排放核算与标识授权（贴标）、后端环节的交易平台构建与审查稽核等环节。利益相关者主要涵盖中央政府及其各部门、地方政府及其各部门、碳汇提供者、碳汇需求、平台与第三方、社区和外部压力部门等，不同利益相关者在行动目标和外部导向上存在一定区别。

中央政府部门的目标在于通过建立健全碳标识制度，为落实应对气候变化国际承诺、促进国民经济绿色低碳转型提供相应制度安排。根据农产品碳标识特征和制度安排逻辑，涉及国家发展和改革委员会、生态环境部、自然资源部、农业农村部、财政部和中国人民银行等国务院组成部门。

由于农产品碳标识是一项新兴的环境政策工具，在当前央地关系下，农产品碳标识的应用与推广需要按照试点制方式展开。中央政府对地方政府提供实施原则，各部委提供窗口指导工作。由于中央政府信息获取成本过高，地方政府需要根据试点内容和目标安排进行自主调整（庄贵阳，2020）。地方政府需要根据工作需要安排发展改革、生态环境、自然资源、农业农村、财政和中国人民银行等对应职能部门。

碳标识制度实施后，作为农产品生产者的农户成为固碳增汇收益的产权所有者和直接的碳汇提供者。而根据农业碳汇价值实现路径不同，碳汇需求方涉及愿意支付生态溢价的消费者、有碳汇购买需求的企业、有意开发金融工具的金融机构等。此外，在交易过程中，还涉及碳交易平台、碳汇核算机构、农产品供应商等平台和第三方机构。

考虑到农产品碳标识制度的社区影响与示范溢出效应，作为农地产权拥有者的农村集体经济组织与周边村落也是碳标识制度的利益相关者。农村集体经济组织需要发挥沟通农户与政府的桥梁作用，为农产品碳标识的落实提供乡村层面的组织和制度支持。农产品碳标识形成经验后，可以给周边村落起到良好的示范与借鉴作用。

外部压力部门也是重要的利益参与者。媒体帮助推广和宣传农产品碳标识开展情况，有助于在全社会普及碳标识概念与生态溢价理念。社会团体在给予政府、农户或农村集体经济组织资金、技术和管理经验帮助的同时，也有助于树立社会团体品牌，扩大社会影响力。不同领域的专家学者具有各自背景的专业知识，有助于在制度设计、技术方案、平台搭建等方面为农产品碳标识制度规范提供学理支持，提高决策科学性和可行性。

（二）利益相关者结构

设计农产品碳标识制度安排是一项系统工程，涉及多个利益相关者。各利益相关者基于一定运行规则，组合形成特定的结构与关系。农产品碳标识制度安排下的利益相关者结构关系见图 15-2。

1. 中央政府层级

中央政府要形成基本的原则与思路，明确农产品碳标识制度安排的目标导向，并将思路传达给地方政府。考虑农产品碳标识的制度安排会涉及跨部门协调问题，中央政府还要负责统筹协调相关中央政府职能部门，以便信息及时有效传达。各部委司局要对地方对口业务单位和相关购买者进行业务指导。

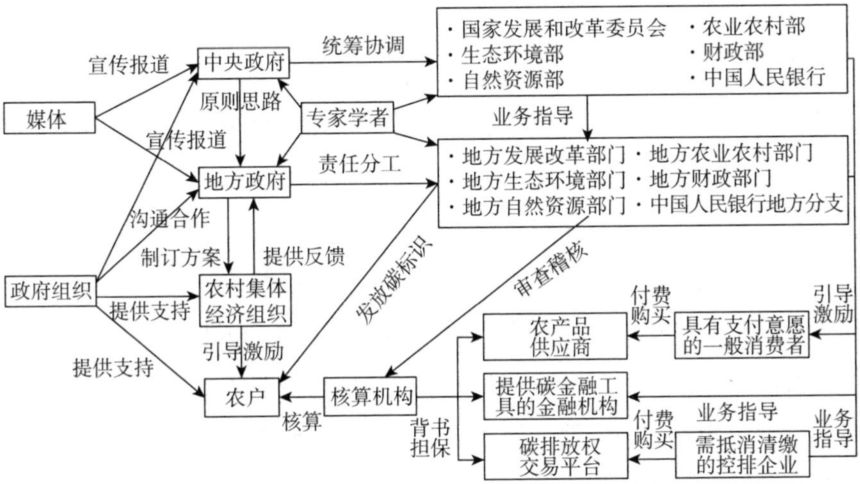

图 15-2　碳标识促进农业生态价值实现的利益相关者结构关系

数据来源：作者根据相关资料整理、绘制。

2. 地方政府层级

地方政府在接受中央政府提出的原则与思路后，需要因地制宜制订行动方案落地实施。根据制度安排情况在各职能部门安排分工，地方政府职能部门接受上级部门业务指导的同时，也要对下开展业务指导、向农户发放碳标识、对核算机构开展审查稽核等活动。

3. 基层组织层级

基层组织层级主要涉及农村集体经济组织和农户。农村集体经济组织需要发挥桥梁和纽带作用。一方面与地方政府保持沟通，确保方案实施落地，另一方面需要对上反馈基层情况，确保信息沟通顺畅。同时，对农户起激励引导作用，普及农产品碳标识相关知识，帮助转变农户生产理念和生产方式。农户是减排固碳工作的直接落实者，一方面，需要接受政府、农村集体经济组织、非政府部门的技术指导和资金支持，将减排固碳生产工艺应用于生产实践；另一方面，需要接受第三方核算机构对减排固碳结果的核算，相关政府部门根据核算结果向农户或产品发放碳标识。

4. 碳排放权（碳汇）市场层级

碳排放权（碳汇）市场层级主要包括买方、卖方与关联第三方。买方主要包括具有支付意愿消费者、有意开发碳金融工具的金融机构、需要购买配额实现清缴的企业。卖方主要是指出售或抵押碳资产的农户，交易行为由碳汇核算机构提供背书担保。关联第三方主要是实现生态溢价所必需的流通部门或交易市场，如负责农产品收购和销售的供应商，居于农户和消费者的中间环节。此外，政府部门要介入核查碳排放权（碳汇）交易的真实性，同时对企业、金融机构提供业务指导，并引导消费者树立绿色消费、低碳消费的理念。这些构成要素及其运行规律构成了市场交易层面的基本内容。

5. 外部压力层级

该层级主要包括媒体、专家学者和社会团体。媒体的作用在于总结和凝练碳标识制度下的典型经验做法，宣传报道，在全社会树立起积极的舆论导向的同时，也有助于政府部门形成政绩。考虑到农产品碳标识是一项系统工程，因此在政策实施之前需要专家提供智力支持，详细论证后出台实施。社会团体的参与动机在于扩大社会影响力，主要参与方式包括游说政府部门、为农村集体经济组织和农户提供资金、技术和管理上的支持。

五、农产品碳标识的实现形式和推动建议

依据相关学术研究和相关业务实践，农产品碳标识可采取以下三种方式实现。一是披露碳减排贡献的实现形式。生产者须在碳标识中标注采用何种业内承认的方法学，实现了何种程度的减排固碳目标。碳标识使用者可以明确得知企业生产过程中的减排贡献程度。二是在农产品碳标识中注明全生命周期温室气体排放情况。生产者在碳标识中注明农产

品生产各环节的温室气体排放及其加总状况，碳标识使用者可以得知该商品生产过程中的整体排放情况，可以对农产品的环境影响形成较为全面和直观的感受，也有助于评估项目减排潜力，为后续开发碳金融工具和碳资产交易提供基础资料。三是借鉴能效标识制度，对同一类农产品按照高排放、中等排放、低排放、负排放等标准进行分类贴标。从而可帮助碳标识使用者明确该农产品在同类型产品中的碳生产效率，对于引导绿色消费，评估碳减排项目可行性和盈利能力具有重要参考价值。

尽管农产品温室气体排放的方法学不断成熟，且相关制度建设也在稳步推进，但要想将农产品碳标识从企业自发行为上升为社会广泛认可的制度安排，仍然任重道远，面临巨大挑战。比如，碳排放权交易市场仍不够活跃，且以配额交易为主，自愿减排项目交易仍然受到政策限制。此外，在世纪疫情和百年变局交织的复杂背景下，粮食安全的“压舱石”作用愈发突出，政府部门需要进一步平衡稳产保供与减排固碳的关系，这些都给未来农产品碳标识制度建立健全带来不确定性。为进一步推动农产品碳标识的实施和普及，本文提出以下三点政策建议。

第一，加强农业减排固碳核算的方法学研究。减排固碳效果是实施农产品碳标识的基础前提。农业温室气体以面源排放为主，且不同区域和生产条件下，减排固碳效果差别很大。在农产品碳标识正式推行前，有必要针对特定减排固碳项目，加强相关方法学研究。为推行农产品碳标识制度提供科学依据，有助于增强农业减排固碳项目的国内国际认可度。

第二，探索建立适合农业生产特点的 MRV 体系。从重点控排行业碳市场建设经验来看，MRV 体系是保障碳交易公平可信和长期健康发展的重要制度保障。农业减排固碳最大的特点在于面源性和区域差异性，因此，在测算和核查方面存在更大难度。为确保农业碳汇价值实现机制有效运转，必须建立结合农业生产特点设计 MRV 体系，提高农业碳溢价的公允性和可信性。

第三，加强农产品碳标识全流程制度规范建设。目前，农产品碳标识制度以企业自发实践为主，相关制度流程仍不健全。一方面，应加强制度层面的顶层设计，将“自下而上”的探索实践转化为“自上而下”的制度规范。另一方面，应明确各业务主管部门的职责分工，畅通政府、企业、农户、平台之间的联系渠道。此外，要加强国内外在农产品碳标识制度设计的沟通交流，确保我国实施的农产品碳标识能够在国际层面上得到认可。

参考文献

[1] 戴小文．中国农业隐含碳排放核算与分析——兼与一般碳排放核算方法的对比[J]．财经科学，2014(12)：127-136.

[2] 何可，汪昊，张俊飚．“双碳”目标下的农业转型路径：从市场中来到“市场”中去[J]．华中农业大学学报（社会科学版），2022(1)：1-9.

[3] 黄祖辉，米松华．农业碳足迹研究——以浙江省为例[J]．农业经济问题，2011(11)：40-47+111.

[4] 金书秦，林煜，牛坤玉．以低碳带动农业绿色转型：中国农业碳排放特征及其减排路径[J]．改革，2021(5)：29-37.

[5] 刘田田，王群伟，许孙玉．碳标签制度的国际比较及对中国的启示[J]．中国人口·资源与环境，2015(S1)：599-601.

[6] 王田，寿欢涛，马翠梅．国际种养殖业温室气体控排MRV经验及启示[J]．世界环境，2020(5)：48-51.

[7] 庄贵阳．中国低碳城市试点的政策设计逻辑[J]．中国人口·资源与环境，2020(3)：19-28.

[8] 张露，郭晴．碳标签推广的国际实践：逻辑依据与核心要素[J]．宏观经济研究，2014(8)：133-143.

[9] Babakhani N, Lee A, Dolnicar S. Carbon labels on restaurant menus: do people pay attention to them?[J]. Journal of Sustainable Tourism, 2020, 28(1): 51-68.

[10] Bederson B B, Jin G Z, Leslie P, et al. Incomplete Disclosure: Evidence of Signaling and Countersignaling[J]. American Economic Journal: Microeconomics, 2018, 10(1): 41-66.

[11] Cohen M A, Vandenbergh M P. The potential role of carbon labeling in a green economy[J]. Energy Economics, 2012, 34: S53-S63.

[12] Darby M R, Karni E. Free Competition and the Optimal Amount of Fraud[J]. The Journal of Law & Economics, 1973, 16(1): 67-88.

[13] Grossman S J. The Informational Role of Warranties and Private Disclosure about Product Quality[J]. The Journal of Law and Economics, 1981, 24(3): 461-483.

[14] Guenther M, Saunders C M, Tait P R. Carbon labeling and consumer attitudes[J]. Carbon Management, 2012, 3(5): 445-455.

[15] Li Q, Long R, Chen H. Empirical study of the willingness of consumers to purchase low-carbon products by considering carbon labels: A case study[J]. Journal of Cleaner Production, 2017, 161: 1237-1250.

[16] Nelson P. Information and Consumer Behavior[J]. Journal of Political Economy, 1970, 78(2): 311-329.

[17] Newell R G, Siikamaeki J. Nudging Energy Efficiency Behavior: The Role of Information Labels[J]. Journal of the Association of Environmental and Resource Economists, 2014, 1(4): 555-598.

[18] Onozaka Y, Hu W, Thilmany D. Can eco-labels reduce carbon emissions? Market-wide analysis of carbon labeling and locally grown fresh apples[J]. Renewable Agriculture and Food Systems, 2016, 31(2): 122-138.

[19] Paustian K, Larson E, Kent J, et al. Soil C Sequestration as a Biological Negative Emission Strategy[J]. Frontiers in Climate, 2019, 1: 8.

走绿色低碳可持续发展之路已成为全球共识，但西方国家在相关议题中（如气候变化）往往夹杂着其自身政治目的，中国作为发展中国家，要警惕发达国家打着“绿色”旗号构建双重标准干预中国发展，也要避免为了迎合西方国家的主张而使本国农业发展受到裹挟，掉入“绿色陷阱”，威胁国家粮食安全。

第十六讲
农业低碳转型过程中要警惕“绿色陷阱”

农业是国家发展的基础，关系国民经济发展全局的稳定与安全，我国作为农产品进口大国，农业发展也易受到国际贸易和舆论环境、地缘政治事件的影响。走绿色低碳可持续发展之路已成为全球共识，但西方国家在相关议题中（如气候变化）往往夹杂着其自身政治目的，中国作为发展中国家，要警惕发达国家打着“绿色”旗号构建双重标准干预中国发展，也要避免为了迎合西方国家的主张而使本国农业发展受到裹挟，掉入“绿色陷阱”，威胁国家粮食安全。

一、全球价值链绿色化热潮正在向农业延伸

世界银行（2020）数据显示，自 1980 年以来，全球价值链已经成为经济全球化的重要标志，其生产总值已占到全球生产总量的一半。全球价值链的本质是将生产、销售、服务等多环节分解在更具资源禀赋和生产能力的地方开展，从而形成一种高效率的全球分工体系。虽然全球价值链在许多方面具有显著优势，但其对环境的影响不容忽视，尤其是生产环节，在服务全球价值增值的背景下，却产生了区别化的局部环境影

响。例如应对气候变化能力较弱的发展中国家承担了更多制造业的功能，其本地环境的恶化上升为全球生态安全的一部分。因此，全球价值链的绿色转型成为经济全球化和可持续发展的重要议题。

我国农业在全球绿色价值链中具有重要位置，成为被关注的焦点，承受巨大国际舆论压力。中国是世界上最大的大豆、牛肉、木材产品进口国，也是仅次于印度的第二大棕榈油进口国。中国大豆进口的 90% 来自巴西和美国，牛肉进口的 85% 以上来自巴西、澳大利亚、乌拉圭、新西兰 4 个国家。随着消费结构升级，大豆、牛肉进口量将维持高位，存在进口来源国家集中程度高的潜在风险。与此同时，针对我国进口量大的几类商品，一些国家和机构似乎有针对性地指出这些商品的生产带来了生态环境破坏。例如，热带雨林联盟（2020，2018）的研究指出，大豆、牛肉、棕榈油和林产品 4 种软性商品的全球价值链所造成的森林砍伐量至少约占全球森林砍伐总量的 40%，由此导致生物多样性丧失、气候变化及其他环境问题。2021 年 11 月，欧盟委员会提出了“零毁林”法规提案，禁止与砍伐森林有关的大宗商品的进口，将法案监管范围扩大到大豆、牛肉、棕榈油、木材、可可和咖啡等 6 种大宗商品。此外，美国、英国在积极推动出台有关“将进口涉及非法采伐相关产品定为非法行为”的法令，其内容包括禁止从存在非法采伐的任何地区进口大宗商品的行为，不但对包括畜牧产品、可可、大豆以及棕榈油等在内的大宗商品类别进行了具体规定，还对具有较高非法采伐风险的地区做出了具体规定，并要求对高风险地区进行定期更新。发达国家还利用其自身在经济、政治、贸易和舆论等方面的优势，将本国的法令不断向全球，特别是发展中国家输出。

有鉴于此，一方面，我们要立足国情农情、稳妥推进，走出一条中国特色的农业绿色发展之路；另一方面，要以开放的姿态积极开展研究和政策储备，以应对国际舆论压力和贸易环境变化，确保在国际竞争中立于不败之地。

二、警惕过激的绿色化制约我国农业健康发展

绿色化已经成为全球农业发展的潮流，但农业本身就是个“慢”产业，其转型须循序渐进。近期国际上发生的一些事件背后都有农业因素，此外欧美国家擅长以绿色之名夹带私货，甚至获得国内一些专家的附和，这值得我们高度警惕。

（一）国际热点事件背后的农业因素

最近，国际上有两个事件值得关注，一是斯里兰卡政府宣布破产，二是大批荷兰农民抗议游行。这两个事件看似毫不相干，但实际上都与过激的农业绿色化目标紧密相关。

2022 年 7 月 6 日，斯里兰卡政府宣布破产，全国进入动荡状态，其原因是多方面的，包括经济结构单一、受新冠疫情影响、能源依存度高、国际形势深刻演变等，但该国在农业政策上的重大失误可能是导致系统性崩盘的一个基础性因素。一直以来，农业是斯里兰卡经济中最重要的部分，贡献了约 18% 的国内生产总值和 30% 的就业。2021 年 4 月，政府开始在全国强行推行“有机农业令”，全面禁止使用化肥和农药，以寻求成为全球第一个完全有机农业国家。这一政策不仅没有带来预想中的成效，反而彻底地拖垮了斯里兰卡本就脆弱的经济。农产品减产近一半，农业生产率大幅下降，食品价格飙升，粮食安全线完全崩溃，国家被迫用 4.5 亿美元进口大米。同时，受新冠疫情影响，占其国内大部分外汇收入的旅游业收入大减，使其陷入外汇紧缺境地。在其外汇储备严重匮乏，加之新冠疫情导致国内收入大幅缩减，这几乎成为压垮该国经济的最后一根稻草。

发达国家也不例外。2022 年 6 月 22 日，4 万名荷兰农民从全国各地将拖拉机开上高速公路，造成全国多处高速公路堵塞，目的是聚集在一起抗议荷兰内阁近期陆续颁布的减少氮氧化合物和氨排放的计划。荷兰

国土面积约为4.2万平方千米，略大于我国台湾省，却是世界上农业最发达的国家之一，是除美国以外的第二大农产品出口国。养殖业是荷兰农业的支柱，全国养殖着近400万头牛、1200万头猪和1亿只鸡，农民收入和福利水平很高。荷兰也是欧盟成员国中温室气体（尤其是氮）排放量最大的国家之一，在欧盟框架下，荷兰政府出台了一系列旨在大幅减少氮排放的行动计划。2022年6月10日，荷兰政府宣布了一揽子减氮措施，虽然荷兰政府计划出资243亿欧元支持农业畜牧业改革，包括向农民提供财政援助，但这仍不足以弥补养殖户的损失。据悉，减氮措施将使养殖者付出高昂的环境成本，并将减少30%的养殖量，有的养殖户甚至要彻底停止经营。这对养殖户造成巨大冲击，引发农民的强烈不满，因此出现了农民大规模上路游行示威的事件。

（二）发达国家以绿色之名构建“双重标准”干预发展中国家

气候变化已成为全球共识，我国是积极应对全球气候变化的重要力量。但总体上，话语权还是掌握在发达国家手中，甚至成为其干涉发展中国家的政治武器，它们往往利用绿色概念构建双重标准干预其他国家发展。例如在工业领域，作为主要进口方的欧盟正在推行碳边境调整机制，对从碳排放限制相对宽松的国家和地区进口的钢铁、水泥、铝和化肥等商品，参照进口国的排放水平，出口国多排放的部分要按照进口国的碳价格向其购买配额（例如：假定中国生产1吨钢材排放8吨二氧化碳，法国排放2吨，如果该国碳价为每吨10欧元，则每吨中国出口到法国的钢材要向法国缴纳6吨的“碳税”，即60欧元）。中国是工业生产大国，每年出口大量钢材等工业品，碳边境调整机制的实施，无疑会增加出口成本，削弱出口价格相对优势，增加转型成本，形成绿色贸易壁垒。然而，在农业领域，欧美国家采取的却是另外一套逻辑。针对我国每年从南美国家进口大量大豆、棕榈油等软性商品的行为，欧美国家不断制造“中国进口导致大面积热带雨林遭到砍伐”的舆论，并对中国、巴西等国家施压，以应对气候变化之名，对其他国家之间的自由贸易提出“零毁林”等要求。这是典型的“双标”行为，其目的是改变全球贸易及产业链竞争格局，迫使我们向欧美等国家高价购买农产品。类似事件在木材产品交易中出现过，美国林木宝公司，由于在中国采购的木材产品中有来自俄罗斯的蒙古栎，被美国司法部处罚，这在一定程度上对我国进口木材贸易布局造成挑战，间接影响木材进口源地的选择。特别是近年来，在俄乌冲突持久化背景下，西方国家面临严重的能源危机和通胀压力，一些政客又鼓吹排放无害论、减排无用论，西方一些主流媒体也不断放风、推波助澜，在经济利益面前，撕下了最后的遮羞布，暴露出赤裸裸的“双标”嘴脸。

（三）警惕国内“双碳”过热，避免农业受到裹挟

力争2030年前实现碳达峰、2060年前实现碳中和是中国政府向国际社会作出的庄严承诺，也是基于我国自身发展要求必然要实现的目标。但是，要谨防在国际舆论影响下，国内农业领域出现“双碳”过热。农业绿色发展是必要且重要的，可以助力“双碳”目标的实现，但要避免对“双碳”目标碎片化、片面化、简单量化的理解，如果出台不切实际的“绿色标准”，可能会成为我国农业发展的“不可承受之重”，给农业发展套上枷锁。

三、对策建议

推进农业绿色发展既是农业发展观的一场深刻革命，也是一项庞大的系统工程，更是一个循序渐进的过程。在融入全球可持续发展的同时，我国农业绿色发展要立足本土，坚持稳中求进、逐步实现，不能脱离实际、急于求成，既要尽力而为也要量力而行，把握好有所为与有所不为、先为与后为、快为与慢为的关系。

（一）积极开展全球绿色价值链研究，做好应对策略储备

面对“中国进口导致大面积热带雨林遭到砍伐”之类的国际不良舆

论，我们要积极开展研究，充分做好应对策略储备。一是构建中国标准和中国话语体系。在国内语境内研究如何与国际深度融合，充分利用农产品进口大国的优势，主动参与和影响全球绿色价值链规则制定，将国内的绿色标准向外输出，而不是一味地引进外来标准。二是加强国别研究。深入研究我国主要农产品进口国的农业资源、林地转化历程等，及时把握其政策走向。如巴西的大豆种植政策、农业支持政策、林业政策及农业贸易政策与演变等，做到知己知彼。三是做好尽职调查。支持国内农产品进口企业对出口商进行尽职调查，可与重点生产国家签订“可持续溯源采购协议”，摸清进口农产品来源，提高农产品供给链的合规性和可持续性。

（二）立足本土，避免国内不切实际的过度绿色化

我国农业的首要目标是保障国家粮食安全和重要农产品供给，在此基础上积极推动绿色发展，制定符合国家利益的对外环境战略，而不是盲目地追求与国际标准全面接轨。立足我国农情和农业农村部职能，要特别警惕两个方面。一方面，要对非农部门提出的绿色化标准和政策保持审慎态度。非农部门倡导绿色化标准可能更侧重于考量环境因素，有可能过分强调与国际标准全面对接，忽视农业稳产保供的重要作用。在未来政策、标准的制定上，农业农村部门要从严把关，避免掉入“绿色陷阱”。另一方面，要警惕部分地区过度追求全域有机化。一些地区为了追求宣传效果甚至噱头，不顾当地实际，提出全域有机农业目标，要充分评估和考量这类倾向对粮食安全的影响，不可过多鼓励，避免扩大化。

在舆论宣传上，正确引导公众对有机农业的认知，其与普通农业最大的区别是生产方式的不同，有机农产品的品质并不必然好于标准化生产的产品，在产量仍是重要约束的情况下，不应过度美化和追求有机农业。同时，正确宣传解读绿色、有机、地标等农产品认证，不能与没有搞认证的农产品简单排出质量安全优先序，更不能妖魔化化肥、农药对农产品质量安全的作用，以免误入认证利益圈套。

（三）拓宽大宗农产品来源和渠道，掌控产业链条

立足重要资源国内生产自给的战略底线，统筹利用“两个市场”，拓宽大宗农产品的来源和渠道，建立自主可控的全产业链条。国内市场要深挖粮食增产潜力。在耕地资源有限的情况下，加速新品种、新技术的推广，如海水稻、耐盐碱小麦等新品种推广，将盐碱地变良田，积极拓展“红线”外耕地面积；又如玉米大豆带状复合种植技术的推广，最大限度地挖掘土地潜力。国际市场要推动进口多元化战略。分国别研究进口农产品分布情况，有针对性地培育后备供应链，形成更加多元化的进口格局，降低对单一国家或地区的依存度，确保在任何情况下都不会出现粮食短缺问题。一方面，加强与现有传统主要农业贸易国，如巴西、阿根廷、加拿大、澳大利亚、印度尼西亚、马来西亚等的农业合作关系，尽量避免贸易摩擦；另一方面，利用“一带一路”的政策“东风”，加强与中亚五国及中东欧等农业资源大国，如哈萨克斯坦、波兰、俄罗斯、罗马尼亚等的农业贸易合作。此外，从长远看，东非地区农业资源丰富、农业发展潜力巨大，可加强与东非地区国家的农业合作，保障未来我国农产品的有效供给。

农业绿色发展的工作策略已由过去的攻坚战转为持久战，在稳产保供、经济下行、财政紧缩等压力下，以往依靠行政推动、财政激励的农业绿色发展模式已难以为继，亟须引入市场活水。金融支持农业绿色发展大有可为，绿色信贷、绿色保险、绿色债券、绿色基金、碳金融等金融产品具有广泛的应用场景。下一步，要制定绿色金融标准通用性目录、健全农村信用体系、用好财政激励政策、完善政策性绿色金融体系及搭建绿色信息共享平台，为绿色金融发展提供强有力的政策支持。

第十七讲 金融支持农业绿色发展的场景与政策需求①

农业绿色发展是促进农业现代化、推动乡村振兴的重要途径，也是实现“双碳”目标的必由之路。“十四五”时期，我国农业进入绿色低碳转型、实现高质量发展的关键阶段，但无论是农业绿色基础设施建设、面源污染治理、绿色农业科技创新，还是发展循环农业、生态农业、智慧农业等新型农业，均会产生大量资金需求，仅靠财政资金支持已无法满足。《中共中央关于制定国民经济和社会发展第十四个五年规划和二〇三五年远景目标的建议》中提出加快推动绿色低碳发展，需强化绿色发展的法律和政策保障，发展绿色金融。2022 年 4 月，中国人民银行印发《关于做好 2022 年金融支持全面推进乡村振兴重点工作的意见》中明确指出，要拓宽农业农村绿色发展融资渠道，丰富“三农”绿色金融产品和服务体系，积极满足农业面源污染综合治理、畜禽粪污资源化利用、秸秆综合利用、国土绿化等领域融资需求。2022 年 6 月，中国银行保险监督管理委员会发布《银行业保险业绿色金融指引》，指导银行保险机构

① 庞洁，胡钰，金书秦：“金融支持农业绿色发展：机遇、场景与政策需求”，《农村金融研究》，2022 年第 7 期，第 22-28 页。

从战略高度发展绿色金融，助力经济社会全面绿色转型。经过“十三五”时期的大力推动，农业绿色发展已经取得较大成效，但未来农业稳产保供压力巨大，经济下行、财政不足，对持续推进农业绿色发展提出严峻挑战，亟须引入市场活水，构建绿色金融体系，发展绿色金融将成为未来推动我国农业绿色低碳可持续发展的重要举措。金融在支持农业绿色发展中大有可为，能够服务于绿色转型中多样化的资金需求，为农业绿色发展提供源源不断的动力。

一、农业绿色发展面临的形势与挑战

（一）粮食稳产保供有压力

当前国际粮食贸易形势、国内粮食供求格局和生态环境均发生了深刻变化（王晓君等，2020），“十四五”时期维持粮食丰收态势，保障农产品有效供给将面临更大压力和更多挑战。“十三五”时期，我国粮食在生产数量上已超过了粮食安全保障的基本要求，这一时期主要任务是推进农业供给侧结构性改革，以推动粮食调结构、去库存、降成本、强产业、补短板为方向[①]，促进农业发展由过度依赖资源消耗，主要满足“量”的需求，向追求绿色生态可持续、更加注重满足“质”的需求转变，这为农业绿色转型提供了较为从容的发展空间。在此背景下，以“一控两减三基本”为任务目标，主要依赖于政府的行政手段，辅以农业补贴等财政激励政策，我国农业绿色发展取得了显著成效。主要表现为：农业水资源利用效率不断提升，农药、化肥等投入品施用总量连续下降，农业废弃物资源化利用率稳步提高，农产品绿色供给水平逐年提高，农业生态系统逐步修复（金书秦等，2020）。进入“十四五”时期，突然暴发

① 参见《国家粮食局关于加快推进粮食行业供给侧结构性改革的指导意见》，http://www.gov.cn/xinwen/2016-07/19/content_5092715.htm。

且持续蔓延的新冠疫情，叠加地缘政治、国际贸易摩擦和气候变化挑战等因素，特别是实施粮食安全党政同责后，地方政府保障粮食生产压力空前，一方面通过扩宽耕地增量加大粮食生产面积，另一方面为了保证粮食产量不敢贸然减少化肥农药的投入，这可能对农业绿色发展形成一定挑战。在稳产保供的巨大压力下，以往依靠行政推动、财政激励的农业绿色发展模式已难以为继，需要引入市场化的经济手段，发挥金融支撑作用，更好地实现粮食稳产保供与绿色发展的双重目标。

（二）国际国内经济增长放缓

现阶段，世界发展格局面临巨大的不确定性，经济全球化遭遇波折，特别是俄乌冲突通过大宗商品市场、贸易和金融渠道产生全球溢出效应，在削弱经济增长的同时，也将加剧通胀。2022 年 4 月，国际货币基金组织（IMF）发布的最新《世界经济展望》报告中，再次下调了 2022 年和 2023 年的全球经济增长预期，预测 2023 年之后全球经济增速将进一步放缓，并在中期回落至 3.3% 左右[①]。与此同时，我国经济也正处于由高速增长阶段转向高质量发展阶段，长期积累的矛盾与新问题新挑战交织，经济下行压力有所加大。2020 年我国 GDP 增长率仅为 2.3%，2021 年我国 GDP 增长率为 8.1%，两年均速是 5.2%，明显低于以往数据，经济增速放缓。受经济下行压力和减税降费双重影响，全国财政收支呈现“紧平衡”，财政政策空间明显收窄。除宏观表现外，微观的市场主体也处于较为艰难的处境，普遍面临着资金紧张的困境。在国际国内经济下行的双重压力下，农业绿色发展也面临着外部性资金供应不足等问题。因此，在这一关键时期，需要运用金融工具，引导社会资本投资解决农业绿色发展的资金难题，增加农业绿色发展资金供给，以确保农业绿色发展的力度不减显得尤为迫切。

---

① 参见《IMF 下调 2022 年全球经济增长预期至 3. 6%》，http://finance. people. com. cn/n1/2022/0420/c1004-32403659. html。

（三）农业绿色发展的任务依然艰巨

我国农业绿色发展实现了良好开局，但农业主要依靠资源消耗的粗放发展方式没有根本改变，农业面源污染和生态退化的趋势尚未得到有效遏制，绿色优质农产品和生态产品供给还不能满足人民群众日益增长的美好生活需要，农业绿色发展的任务依旧艰巨。究其根本原因在于各经济主体的参与动力不足。对农业生产经营主体来说，农药化肥减施、秸秆和畜禽粪便的资源化利用，这些绿色生产方式都将带来巨大的生态红利，但这些生态红利很难转化为经济收入，进而限制了进一步参与绿色发展的积极性。现阶段，农业绿色发展的工作策略已由过去的攻坚战转为持久战，当前正是吃劲的时候，“松一篙，退千寻”，要保持战略定力，通过市场化的运作方式，让各类主体充分享有农业绿色发展成果，持续增强农业绿色发展内生动力对于打赢这场持久战至关重要。

二、金融支持农业绿色发展的时代机遇

金融作为现代农村经济发展的核心，对农业经济发展发挥着举足轻重的作用（黄红光等，2018），农业绿色发展离不开金融尤其是绿色金融的支持。相较于传统金融，绿色金融以聚焦绿色低碳高质量发展为首要任务和根本遵循，其最突出的特点是更强调人类社会的生存环境利益，它将对环境保护和对资源的有效利用程度作为计量其活动成效的标准之一，通过自身活动引导各经济主体注重自然生态平衡。因此，与传统金融相比，绿色金融更能有效服务农业绿色发展，通过引导金融资源向绿色农业领域倾斜，有助于破解现阶段我国农业绿色发展困境。与此同时，“双碳”目标意味着我国绿色低碳发展迎来重大机遇，绿色、低碳发展将成为今后我国经济发展的主基调，这为绿色金融提供广阔发展空间，金融支持农业绿色发展也将迎来历史性机遇。

（一）财政收缩为金融支持农业绿色发展腾出了空间

当前，我国经济发展面临需求收缩、供给冲击、预期转弱三重压力，受到疫情冲击、经济潜在增长率下降，以及全球经济下滑的影响，未来几年我国财政收入总额将呈低水平运行势态。根据中国财政科学研究院发布的《中国财政政策报告（2021）》预测，“十四五”期间财政收入增速将持续放缓，财政收支缺口呈扩大趋势，2025年预计达到约10.7万亿元。“十四五”新开局，各领域资金需求加大，原本紧张的财政收支压力更加凸显，在财政面临减收增支的情况下，单纯依靠财政资金显然已难以满足农业绿色发展的巨额资金需求。因此，财政之外的金融支持显得尤为重要。金融机构通过对金融资源的优化配置和引导，可将更多的资源投向农业绿色发展，为农业绿色转型资金来源创造更大的可能性，从而破解农业绿色发展所需的资金困境。

（二）金融支持农业绿色发展大有可为

当前全球经济下行并不是单纯的宏观经济问题，而是全球性的经济增长模式转型的结构性问题，绿色发展理应成为经济复苏的一个途径（焦未然、许崇正，2016），这也为绿色金融发展提供了历史性的机遇。相较于财政资金，绿色金融的成本分摊与风险分担功能使其具有独特的长期增长效应，是培育经济新增长点、增强经济发展韧性和可持续性、走向高质量发展的必然选择（文书洋等，2021）。当前农业发展所面临的农产品供应压力和资源环境约束已日益明显，要实现农业绿色发展，必然要求推动建立绿色低碳、循环发展的农业产业体系，这与绿色金融的内涵要求不谋而合。绿色金融更多考虑环境、社会和治理（ESG）等因素开展，可激活和唤醒绿水青山潜藏的经济价值，能够将农业绿色生产方式带来巨大的生态红利转化为经济收入。同时，农业绿色发展所带来的经济效益、环境效益和生态效益也能够进一步推动绿色金融的发展。特别是在“双碳”目标背景下，农业蕴藏着巨大的碳价值，将给包含碳金融在内的绿色金融提供广阔发展空间。

三、金融支持农业绿色发展的应用场景

目前，我国已在政策层面明确绿色金融的思路、目标和框架，中国人民银行初步确立了“三大功能”“五大支柱”的发展思路[①]，围绕“双碳”目标，出台“1+N”的政策体系，形成制度性、基础性的政策框架（段琳，2022）。绿色金融支持农业绿色发展的方式逐渐多样化，形成了包含绿色信贷、绿色保险、绿色债券、绿色基金、碳金融等多种工具的金融产品和服务体系。

（一）绿色信贷

绿色信贷作为整个绿色金融体系的核心，可以为农业绿色发展提供直接资金来源。在银监会制定的《绿色信贷指引》（2012）引领下，我国绿色信贷市场规模增长迅速，截至2021年底，我国绿色信贷余额位居全球第一（陆敏，2022）。绿色信贷旨在为支持环境改善、应对气候变化和资源节约高效利用等经济活动所提供的信贷产品及服务。在支持农业绿色发展方面，可主要针对生产主体、加工主体、服务主体等，结合绿色信用评级，为绿色生产、绿色产业链等提供无抵押或低息贷款。重点支持绿色农产品供给、农业结构调整、农业面源污染综合治理、畜禽粪污资源化利用、秸秆综合利用、农膜农药包装物回收等领域资金需求。近年来，我国在绿色信贷支持农业绿色发展实践中也做了积极探索，如浙江省安吉县为了引导白茶产业健康绿色发展，创新推出了“两山白茶贷”。通过引进浙江两山农林合作社联合社风险基金池担保，将白茶“茶园证”作为融资反担保物，对绿色发展的白茶经营主体实施批量授信、发放信用贷款，同时利用财政资金补贴优势，贷款利率按照央行基准利率下调10%执行。

① “三大功能”，主要是指充分发挥金融支持绿色发展的资源配置、风险管理和市场定价三大功能。“五大支柱”主要指：一是完善绿色金融标准体系；二是强化金融机构监管和信息披露要求；三是逐步完善激励约束机制；四是不断丰富绿色金融产品和市场体系；五是积极拓展绿色金融国际合作空间。

（二）绿色保险

我国绿色保险起步较晚，目前仍处于起步阶段。绿色保险的主要目的是通过保险机制实现环境风险成本内部化和环境损害赔偿社会化，具有保障、社会管理和投资三大功能。在支持农业绿色发展方面，可主要针对生产主体，为其农业转型可能带来的减产、减收风险以及生产经营过程中的环境风险提供保障。重点为气候风险和自然灾害、节能减排项目、环境污染责任提供保险服务，与此同时，绿色保险具有资本存量大、存续期长、现金流稳定的特点（王波、郑联盛，2019），是支持融资需求大、投资周期长等项目的理想金融工具，可为气候和抗灾基础设施建设、零排放和低排放运输等领域提供资金支持。我国目前在治理环境风险中最主要的、也是最具代表性的绿色保险产品是环境污染责任保险。此外，我国也根据各个地区的不同情况，推动绿色保险种类的创新，如发展气候类保险、森林保险、农牧业保险等。广东省创新试点“绿色产品食安心责任保险”“绿色农保 +”“绿色农产品质量安心追溯保险”“蔬菜降雨气象指数保险”“林业碳汇价格保险”等新型绿色保险产品。为降低养殖风险，从 2016 年起，锡林郭勒盟气象局主导创新研发全国首个县级牛羊天气指数保险，旨在解决牧民在遭遇雪灾和旱灾时，被迫由散养状态转为饲养，增加成本带来的损失。

（三）绿色债券

绿色债券在我国起步较晚，但作为绿色金融领域大力发展的融资工具，绿色债券发展迅速，2015 年，我国正式启动绿色债券市场，2017 年据气候债券倡议组织（CBI）统计，截至 2021 年末，全球绿色债券累计发行规模达 1.6 万亿美元，其中中国绿色债券累计发行规模达 1990 亿美元，成为世界绿色债券发行量第二大国家（李俊玲，2022）。绿色债券是将募集资金专门用于支持符合规定条件的绿色产业、绿色项目或绿色经济活动，依照法定程序发行并按约定还本付息的有价证券，属于低收益、低风险类型的金融产品。2021 年，中国人民银行、国家发展改革委、证监会联合印发了《绿色债券支持项目目录（2021 年版）》（以下简称《目录》）。根据绿色债券的特点，结合《目录》指导，在支持农业绿色发展方面，绿色债券可主要针对生产主体、加工主体及服务主体等，重点支持农业资源保护、农业绿色发展所需的基础设施建设、农业环境综合治理、绿色农产品供给、农田水利建设等领域的资金需求。2021 年 7 月 16 日，国家开发银行发行 100 亿元“黄河流域生态保护和高质量发展”专题绿色债券，主要投放于黄河流域的基础设施绿色升级项目，支持河湖综合治理、水资源节约集约利用、工业和农业面源污染治理等生态保护重点领域，助力黄河流域生态保护和高质量发展；2022 年 5 月 26 日，中国农业发展银行发行了 30 亿元的绿色债券，此次债券募集资金主要用于支持国家储备林、高标准农田、清洁能源、污染防治等项目的贷款投放，旨在帮助脱贫地区绿色产业发展和农户增收。

（四）绿色基金

2010 年我国开始正式推动绿色基金发展，但相较于绿色信贷和绿色债券，我国绿色基金的规模还相对较小。绿色基金是专门针对节能减排战略、绿色低碳经济发展、环境优化改造项目而建立的专项投资基金。与其他绿色金融工具相比，绿色基金集合了各投资方在政策、资金、资源、技术、信息和人才等方面的优势，以股权投资的方式参与企业绿色项目的经营运作，投资之初就已提前规划好后期项目的退出方式，因而具备更完善的市场化运作机制和发展潜力。在支持农业绿色发展方面，可主要针对生产主体、研发主体、加工主体及服务主体等，重点支持农业绿色技术创新、绿色低碳产业和生态保护项目等，如生物种业、现代化智慧农业、农业绿色投入品、长江黄河等流域生态保护、东北黑土地保护等领域的资金需求。现阶段，我国各级政府发起绿色基金支持农业绿色发展成为一种趋势，河南省为支持绿色农业产业发展，设立了绿色农业基金，主要支持畜禽养殖废弃物资源化利用、节水灌溉、农药减量控害等符合绿色标准的农业产业及相关领域项目。甘肃省设立了生态产业发展基金，用“母基金 + 子基金”架构，重点支持循环农业、戈壁农业、高效节水农业等十大绿色生态产业项目建设。

（五）碳金融

碳金融伴随碳交易的发展而产生，服务于限制温室气体排放等技术和项目的直接投融资、碳权交易和银行贷款等金融活动（雷鹏飞、孟科学，2019）。碳金融是基于碳排放权的法律、经济和金融属性，以碳排放权及其衍生品为核心，具有公益性、专业性、国家干预性，以及跨部门和跨行业性（刘明明，2021）。在支持农业绿色发展方面，可主要针对生产主体和服务主体，为农业绿色转型提供激励，重点支持研发应用减碳增汇型农业技术、开展碳排放权交易等领域（金书秦等，2021）。与发达国家碳金融市场产品种类丰富、融资方式灵活多样相比，我国的碳金融产品还有待进一步开发和丰富。2011 年，我国开始了七个省市的碳排放权交易试点；2021 年，启动了全国碳排放权交易市场；2022 年，福建省厦门市设立了全国首个农业碳汇交易平台，提供农业碳汇开发、测算、交易、登记等一站式服务，促进农业生产转化为碳交易产品。

综上，各类绿色金融产品支持农业绿色发展的应用场景具体如表 17-1 所示。

表 17-1　金融支持农业绿色发展的应用场景

金融产品	支持对象	应用领域	实践探索
绿色信贷	生产主体、加工主体、服务主体	重点支持绿色农产品供给、农业结构调整、农业面源污染综合治理、畜禽粪污资源化利用、秸秆综合利用、农膜农药包装物回收等	浙江省安吉县创新推出了“两山白茶贷”，引导白茶产业健康绿色发展

续表

金融产品	支持对象	应用领域	实践探索
绿色保险	生产主体	重点为气候风险和自然灾害、节能减排项目、环境污染责任提供保险服务；为气候和抗灾基础设施建设、零排放和低排放运输等领域提供资金支持	广东省创新试点“绿色产品食安心责任保险”“绿色农保+”“绿色农产品质量安心追溯保险”“蔬菜降雨气象指数保险”“林业碳汇价格保险”等新型绿色保险产品
绿色债券	生产主体、加工主体、服务主体	重点支持农业资源保护、农业绿色发展所需的基础设施建设、农业环境综合治理、绿色农产品供给、农田水利建设等	中国农业发展银行发行了30亿元的绿色债券，主要用于支持国家储备林、高标准农田、清洁能源、污染防治等项目的贷款投放，旨在帮助脱贫地区绿色产业发展和农户增收
绿色基金	生产主体、研发主体、加工主体、服务主体	农业绿色技术创新、绿色低碳产业和生态保护项目等，如生物种业、现代化智慧农业、农业绿色投入品、长江黄河等流域生态保护、东北黑土地保护等领域	河南省设立了绿色农业基金，主要支持畜禽养殖废弃物资源化利用、节水灌溉、农药减量控害等符合绿色标准的农业产业及相关领域项目；甘肃省设立了生态产业发展基金，用“母基金＋子基金”架构，重点支持循环农业、戈壁农业、高效节水农业等十大绿色生态产业项目建设
碳金融	生产主体、服务主体	重点支持研发应用减碳增汇型农业技术，探索建立碳汇产品价值实现机制等	福建省厦门市设立了全国首个农业碳汇交易平台，提供农业碳汇开发、测算、交易、登记等一站式服务，促进农业生产转化为碳交易产品

数据来源：作者根据相关资料整理、绘制。

四、金融支持农业绿色发展的政策需求

近年来，我国绿色金融顶层制度设计不断完善，已构建起较完善的绿色金融政策支持体系（朱民等，2022），绿色金融资金规模增长迅速，尤其是在绿色信贷、绿色债券等方面，已经形成了一定的规模。但也应看到，绿色金融支持农业绿色发展仍处于初步探索中，金融支持农业绿色发展不仅需要金融业和资本市场的改革，也需要强有力的政策支持（朱兰、郭熙保，2022）。

（一）制定绿色金融标准通用性目录，明确农业绿色金融支持范围

我国金融支持绿色农业的标准尚未完全统一和规范。一方面，我国对绿色农业尚无统一的定义与标准，造成绿色农业本身存在标准缺失、范围过窄等问题。另一方面，现行的绿色金融标准在农业领域也存在着标准不完善和范围不明确的问题。可学习国际社会主流和权威的认定标准（如赤道原则、ESG 评价标准），政府部门牵头，多部门合作，制定绿色金融标准通用性目录，使各金融机构在认证农业绿色金融业务时有一个统一的标准，明确农业绿色金融支持范围，提高业务效率，降低监管风险。

（二）健全农村信用体系，改善绿色农业融资主体的信用环境

绿色农业融资主体除了少数大中型企业以外，主要由农户、家庭农场、农民专业合作社和小微企业等主体构成，这些经营主体的信用体系尚未完全建立，给金融机构向其提供融资服务造成了障碍。政府、金融机构等协同推进农户、小微企业和家庭农场等涉农主体的信用信息数据库建设，并纳入“绿色信用”相关因素，可依托碳标识，将低碳生产过程纳入农户绿色信用等级评价体系建设中，注重数据实时更新，全面、准确地反映涉农主体的综合信用水平。

（三）用好财政激励政策，优化绿色金融的生态环境

农业领域的投融资项目一般具有建设期限长、资金投入量大、风险高、收益不确定等特点（杨世伟，2019），造成金融供给主体参与意愿不强。建议通过财政贴息、税收减免、投资补助等财政性政策设计，降低绿色项目的融资成本或提高其收益，提高金融机构参与的积极性。一是绿色金融税收优惠政策。税收抵免及退税政策是财政支持绿色金融的主要税收优惠手段。按照法律规定，有价证券收益需要缴纳所得税，可参照部分发达国家的做法，出台免缴收入所得税政策，从而吸引投资者投资绿色债券。二是财政补贴和财政贴息政策。对于正外部效应较大、公益性较强绿色产业给予财政补贴和财政贴息，可对绿色农业项目贷款进行贴息和利率优惠，由国家财政负责贴息和利率优惠部分（马晓河、蓝海涛，2002）。三是健全考核评价体系，提供财政支持考评依据。探索建立符合农业绿色项目发展状况的绿色金融考核评价体系，鼓励银行加大绿色金融在考核中的占比和权重，推动绿色金融产品和服务的创新。

（四）建立和完善政策性绿色金融体系

由于农业领域的特殊性，有时候即使实施了积极的激励约束政策，金融机构也可能缺乏动力涉足其中。因此，实施绿色金融战略，还需要政策性金融以弥补商业金融的不足（蔡玉平、张元鹏，2014），优先鼓励中国农业发展银行、国家开发银行等政策性银行机构创新服务理念，将更多金融资源投向农业绿色发展领域。利用政策性金融工具，积极探索支持农业绿色发展的新模式、新机制，既是农业部门转变政府职能、创新服务理念的具体体现，也是金融机构贯彻中央“重中之重”战略部署、实现业务转型升级的必然选择。借鉴国外经验，建立和完善政策性金融体系以促进农业绿色金融的发展，可在“国家绿色发展基金”下设一个专门支持农业绿色发展的子基金，专项基金不仅可以为商业金融不愿涉足的农业绿色发展项目投融资，还可以通过为重点农业绿色金融项目提

供担保的方式，撬动商业金融资金，有助于分担商业金融的风险，鼓励商业金融加大对农业绿色发展领域的支持力度，营造良好的投资环境。

（五）搭建有效的绿色信息共享平台，提升信息披露的充分性

环境信息披露的充分性和有效性不足是导致金融支持农业绿色发展受阻的关键原因之一。资金供求双方在信息不对称的情况下容易产生逆向选择，增加投资风险。当前，我国绿色金融中要求强制信息披露的主体范围有限，绿色金融市场的信息仍然不充分，制约了绿色金融市场的发展。当前发达国家的绿色金融信息披露制度普遍以政府主导的披露制度为主，并不断提高绿色金融信息披露的深度与广度（江闻婕，2022）。借鉴国际社会绿色金融信息披露制度的实践经验，我国在政府层面，需要加强环境执法部门与金融监管部门之间的联动，同时在充分保护隐私与商业秘密的前提下，构建政府与金融机构之间的数据共享平台，建立信息共享机制，强化对企业和金融机构强化气候相关的财务信息披露要求，确保金融机构能够及时准确地了解投资主体和项目的绿色发展状况，提高绿色金融信息披露的监管效率。

参考文献

[1] 蔡玉平，张元鹏. 绿色金融体系的构建：问题及解决途径 [J]. 金融理论与实践，2014(9)：66-70.

[2] 段琳. "双碳" 目标下绿色金融发展对策研究 [J]. 商业经济，2022(7)：177-179.

[3] 黄红光，白彩全，易行. 金融排斥、农业科技投入与农业经济发展 [J]. 管理世界，2018(9)：67-78.

[4] 金书秦，韩冬梅，林煜，等. 碳达峰目标下开展农业碳交易的前景分析和政策建议 [J]. 农村金融研究，2021(6)：3-8.

[5] 金书秦，牛坤玉，韩冬梅. 农业绿色发展路径及其"十四五"取向 [J]. 改革，2020(2)：30-39.

[6] 江闻婕．“双碳”背景下我国绿色金融信息披露制度比较研究［J］. 福建金融，2022(5)：13-21.

[7] 焦未然，许崇正．“新平庸”背景下的绿色发展——困境还是出路［C］. 中国人的发展经济学学会 2016 年年会暨学术研讨会论文汇编，2016：71-78.

[8] 李俊玲．我国绿色债券市场发展探析［J］. 当代县域经济，2022(5)：83-85.

[9] 刘明明．论中国碳金融监管体制的构建［J］. 中国政法大学学报，2021(5)：42-51.

[10] 陆敏．做好绿色金融发展顶层设计［N］. 经济日报，2022-03-24(007).

[11] 雷鹏飞，孟科学．碳金融市场发展的概念界定与影响因素研究［J］. 江西社会科学，2019(11)：37-44+254.

[12] 马晓河，蓝海涛．加入 WTO 后我国农业补贴政策研究［J］. 管理世界，2002(5)：66-75.

[13] 文书洋，张琳，刘锡良．我们为什么需要绿色金融？——从全球经验事实到基于经济增长框架的理论解释［J］. 金融研究，2021(12)：20-37.

[14] 王晓君，何亚萍，蒋和平．“十四五”时期的我国粮食安全：形势、问题与对策［J］. 改革，2020(9)：27-39.

[15] 王波，郑联盛．绿色金融支持乡村振兴的机制路径研究［J］. 技术经济与管理研究，2019(11)：84-88.

[16] 杨世伟．绿色金融支持乡村振兴：内在逻辑、现实境遇与实践理路［J］. 农业经济与管理，2019(5)：16-24.

[17] 朱兰，郭熙保．党的十八大以来中国绿色金融体系的构建：进展、问题与建议［J/OL］. 改革：1-10[2022-06-09].

[18] 朱民，潘柳，张娓婉．财政支持金融：构建全球领先的中国零碳金融系统［J］. 财政研究，2022(2)：18-28.

[19] 张晓晶，张明，费兆奇，等．三重压力下的中国金融发展［J］. 金融评论，2022(1)：1-22+121.

随着粮食增产的迫切需求和化肥工业的快速发展，我国种植业与养殖业养分物质循环断裂，推进种养结合成为实现农业绿色发展重要途径。但目前，我国从农户层面以及区域层面都存在着种植与养殖之间的纽带断裂，造成了农业资源利用的错位，也产生了资源环境双重压力。推进种养结合的堵点主要表现在养殖场责任尚未压实、有机肥施用不便利、堆肥质量标准缺失、社会化服务体系不完善等多方面。实现农业绿色发展的终极药方是种养结合，但是要注重“现代＋传统”，即用现代的技术手段、设施装备、经营方式实现传承数千年的种养循环理念。

第十八讲 实现绿色发展的终极“药方”：种养结合①

自古以来，畜禽粪便都被视为宝贵的农家肥，为中国农耕文明的发展作出了重要贡献。但20世纪80年代以来，随着粮食增产的迫切需求和化肥工业的快速发展，我国开始大规模施用化肥，农户种养逐渐分离，养分物质循环开始被打破，畜禽粪便的角色定位由“家肥”变成了“粪污”，出现了一边化肥过量，一边有机肥流失的双重污染。近年来，以社会化服务为重点的种养结合逐渐成为推进农业绿色发展的重要议题和发展方向，但由于未压实养殖场责任、有机肥施用不便利、堆肥质量标准缺失、社会化服务体系不完善等多方面的原因，高效的种养循环机制还有待探索。在强化提升国家粮食安全保障能力的大背景下，建议加强国内外经验总结，优化种养布局规划、压实养殖主体责任、强化科技支撑、培育社会化服务组织，构建全新的种养循环体系。

① 胡钰，张斌，谷保静，等：“推进种养结合的制约因素及政策建议”，《中国乳业》，2021年第11期，第149-154页。

一、我国种养结合现状

我国种植与养殖之间呈现严重的纽带断裂，不仅存在于农户层面的个体经营趋向单一化的种养分离，也存在于区域层面的养殖过密造成的承载超量，造成了农业资源利用的错位。

（一）微观层面，农户从种养结合到种养分离

全国农村固定观察点的农户调查数据显示（Jin S et al., 2021），1986—2017 年，我国种植业和养殖业相结合的农户比例从 71.24% 大幅下降至 12.15%，仅耕种家庭从 25.60% 增加到 56.63%，饲养耕畜的家庭保持在 5.49% 左右，还有一大批农户已完全退出种养殖农业生产。这表明，牲畜与农田的距离越来越远了。同时，在种养结合户中，有 1/3 左右农户的养殖量已经超过了其农田的粪污承载力。事实上，种养分离既直接导致了养殖粪污处置难，也间接导致了化肥过量施用。相比仅种田的农户，种养结合的农户少施用 12.77% 的化肥。

（二）宏观层面，规模化导致局部地区养殖密度过大

现代化商品经济强调专业化生产、规模化经营，通过市场价格引导种养殖结构调整。随着我国农业农村经济社会发展和新时期发展理念的转变，我国农业产业布局逐渐向种养循环的绿色发展方向转变，但种养布局脱节问题依然突出。我国东北与西北地区由于种植面积广袤，具备畜禽粪便消纳的潜力，再加上人口密度较低等得天独厚的条件，适宜发展规模化养殖。在政策与经济效益的引导下，一度形成了“南猪北养”的趋势。然而，养殖粪便的资源化利用是在种植单元和养殖单元层面实现的，其效果与运输距离高度相关。通过大量调研访谈了解到，目前较为合理的粪污原料收集半径是 30 千米左右，因此，以省域土地承载力为依据落实种养布局，可能会出现局部养殖密度过大的问题。例如黑龙江省有 2 亿多亩耕地，如果不考虑区域密度的问题，全省最大载畜量超过 1

亿头猪单位。而实际上，黑龙江 81.43% 的养殖量分布在绥化、哈尔滨、齐齐哈尔、佳木斯、大庆 5 个地级市，想要完全实现种养结合的难度非常高。据测算，这些城市的养殖承载力已经十分逼近临界值（胡钰等，2019）。

（三）种养分离产生资源环境双重压力

2020 年公布的第二次全国污染源普查结果显示，农业源污染排放占全国总排放量的“半壁江山”。在农业源污染排放中，养殖业的污染排放情况略高于种植业，基本占据了农业源污染排放的一半以上（胡钰等，2021）。据统计，我国当前每年可收集的畜禽粪便总量折合纯氮约 1400 万吨，相当于化学氮肥年生产量的一半（Gu et al.，2015）。而种植业化肥施用强度仍远高于国际上限（高祥照等，2001），农业资源利用出现严重错位，造成养殖业和种植业的双重污染，如果能够有效替代，则能实现种植、养殖污染的同步减少。

二、推进种养结合的主要堵点

近年来，种养结合成为推进农业绿色发展的重要议题和发展方向，但有效的种养循环机制仍未建立起来，种养结合尚未破题，综合来看，存在四个方面堵点。

（一）养殖场责任界定尚未压实

2014 年正式施行的《畜禽规模养殖污染防治条例》，是我国畜禽规模养殖污染防治执法的主要依据，条例对产业的布局选址、环评审批、污染防治配套设施建设等前置环节做出了规定，也明确了废弃物的处理方式、利用途径等要求。但在执行层面，对于养殖场环境监管的主要抓手是污染防治配套设施建设，以及养殖废水排放，对粪肥的去处没有进行严格要求和管理。同时，“以地定养”一直停留在研究和政策引导的范畴，尚未对已建或新建养殖场强制性要求配套还田种植面积。大量的养殖场面临着粪肥没地去、也没人管的境况。若没有明确压实粪肥还田的相关责任，则会严重降低种养结合的源头动力。据调查[①]，目前全国 70.00% 以上农业园区为单一种植业或单一养殖业，大多数难以实现种植与养殖的相互衔接，仅部分兼营种养的园区，或者配套有机肥生产线的养殖场能够有效实现粪肥资源化利用。因此，在没有严格的责任界定情况下，养殖主体推进粪肥还田的积极性不高，且阻力重重。

（二）有机肥施用不具有便利性

粪肥、有机肥和化肥的配合施用有利于维持土壤肥力，已经是农业生产者的共识，然而粪肥、有机肥仍然存在“叫好不叫座”的现象，市场竞争力远远低于化肥。一是有机肥施用成本高。有机肥生产成本过高，售价多倍于同等肥力的化肥，若按照大田作物亩均化肥施用量 50 千克测算，施用化肥总成本约为 120 元，而施用固体有机肥总成本至少在 500 多元，液态粪肥施用成本则更高。二是粪肥施用难度大。据测算，50 千克化肥同等养分含量的普通堆肥需要将近 1 吨的重量，对于大田作物，目前还缺少高效的粪肥施用农机；对于山地种植的经济作物，搬运难度大。三是生产消纳不同步。粪肥有机肥每天都会产生，而农田的肥料需求每年仅有几次，存在时间上的错配，对粪肥有机肥的储存提出了挑战。

（三）初级堆肥的质量标准缺失

粪污综合利用最有效、使用最广的方式是堆肥还田，即将畜禽粪尿与秸秆、生物菌剂等原料混合，在场区内堆制或田间地头堆沤，最终发酵生产初级有机肥料。例如黑龙江省统计，畜禽粪便肥料化处理方式中，采用固体粪便自然堆积发酵还田的占 93.40%，沼气方式处理的占 5.30%，

---

① 农业部：《关于印发〈种养结合循环农业示范工程建设规划（2017—2020 年）〉的通知》，《中华人民共和国农业部公报》，2017 年第 9 期，第 42-55 页。

生产商品有机肥的仅占 1.30%（董彭旭、姜兵，2019）。但是现行有机肥标准只有关于商品有机肥的相关规定，没有对堆肥进行相关要求，导致堆肥在种养结合的流通中存在质疑和环境安全隐患。很多学者（张廉红，2021；楚天舒等，2021）都对畜禽养殖粪便还田进行了跟踪监测研究，均在耕地土壤中发现了不同程度的重金属、抗生素以及大肠杆菌污染，并证明了污染和施用粪肥的相关性。

（四）社会化服务体系不健全

从种养结合产业链来看，由于种植与养殖的严重脱节，即使种养双方有相互衔接的意愿，仍受运输距离、成本、技术等因素限制。第三方社会化服务组织可以在中间搭建起桥梁，农业农村部对于推进粪污资源化利用的政策导向也从补贴规模养殖场资源化处理设备，逐渐转向培育粪肥还田服务组织。但是目前仍然存在着社会化服务组织数量少、规模小、服务能力弱的现象，机制、模式、市场均未理顺，尚不能形成可复制可推广的养殖场、服务组织和种植主体紧密衔接的绿色循环农业发展模式。有的地方政府为减少养殖污染，引入企业或支持合作社等组织开展有机肥生产、粪肥收集和利用。但运行一段时间后，养殖场却“坐地起价”，要求企业和组织付费“购买”粪便，导致企业运转困难。

三、国内外的典型做法

推进种养结合，促进农业的可持续发展，在国内外都具有共识，并且进行了有效探索。

（一）浙江探索种养结合三级循环体系

浙江积极推进现代生态循环农业试点建设，立足县域统筹，整体构建与资源环境承载力相匹配的“主体小循环、区域中循环、县域大循环”三级循环体系，推进畜禽养殖业主、种植业主之间的有效对接，实现畜禽养殖粪污就地消纳或异地利用，引导社会资本参与畜禽养殖污染治理和废弃物综合利用（姜亦华，2018）。

（二）黑龙江积极培育种养结合社会化服务组织

黑龙江积极探索第三方社会化服务形式，明确补助对象和补助标准，探索畜禽粪肥收集、处理、还田衔接实施分段补贴和全环节服务补贴两种补贴方式，构建基于粪肥流向全程可追溯的补贴发放与管理机制。以“政府引导＋社会化运作”“养殖户＋畜禽粪污收集处理还田企业”“社会化服务组织＋种植农户”等试点项目实施机制，扶持壮大粪肥收集、处理、施用市场主体规模，鼓励引导企业、社会化服务组织与种植主体对接，提供粪肥还田全程服务。还田地块重点向种植水稻、鲜食玉米、蔬菜、马铃薯等高值高效作物上倾斜，引导建立可持续发展粪肥还田机制。

（三）荷兰实施综合养分管理促进种养循环

20 世纪 80 年代以来，为应对畜禽粪污这一突出农业污染问题，荷兰政府开始调整以增产为导向的农业政策，按照“以地定畜、种养结合”的理念推进畜禽养殖污染防治。先是以立法方式严格控制畜禽养殖量，提出了猪和家禽的生产配额，禁止擅自新建养殖场或扩大规模，并实行欧盟的牛奶配额制度，规定每公顷耕地的承载规模，不再允许现有养殖场随意扩大经营规模。所有从事畜禽养殖的农场和公司必须登记种养殖规模，申请粪便排放许可，超过标准的必须缴纳粪便处理费。荷兰对养殖场一个最基本的设施要求就是足够存储 6 个月以上粪便的贮存池，以便全量还田。同时，为促进跨区域种养平衡，政府还协助建立畜禽粪便交易市场，通过财政补贴支持农场主将多余的粪便进行处理，或者通过运往粪肥短缺地区或者国外其他地区，促进畜禽粪肥在国家内部区域之间，以及荷兰与欧盟其他国家之间的流动，最终实现粪便的资源化利用（张斌、金书秦，2020）。

四、推进种养结合的政策建议

在规模化、专业化程度不断提高的现代农业发展背景下，弥合种植和养殖之间的“断链”，是实现农业绿色发展的必然要求，也是传统农耕文明与现代生态文明的有机结合，需多措并举，打通堵点，重构现代化农业发展中的种养关系。

（一）合理规划种养布局，在最小单元实现以地定养

农田是有机肥的最佳去处。因此，未来养殖业的发展需要遵循“以地定养”的基本准则，原则上应该在养殖主体的层面实现，而不应将范围扩展过大，最大不应超过县域范围。在农户层面，确保任何一个养殖场不管大小，必须有配套的农田面积来吸纳其废弃物的产生，养殖场要么直接拥有周围土地的经营权，要么和经营周围土地的农户签订供需合同来实现有机肥的合理化利用。允许部分农用地用于养殖场建设，实行养殖场占地总量平衡，在农田周围开放养殖用地和养殖总量指标激励养殖场建设，以地块可消纳的有机肥量来确定养殖业的布设，使得养殖业的废弃物可以有效返回农田得到充分利用，从根本上解决牲畜与农田距离太远的问题，从而改变种养分离的现状。在区域层面，避免局部养殖密度过大的现象，坚持跨主体协调，县域统筹，合理确定与种植规模相适应的养殖规模，才能加快转变现有发展方式，推进种植业和养殖业有效衔接。

（二）压实主体责任，区分粪便的资源和污染属性

依据《土壤污染防治法》，种植主体具有保护耕地质量的法定责任；依据《畜禽规模养殖污染防治条例》，养殖主体有合理处理粪污的法定责任。对于养殖主体的考核监督，应从前端设备投入环节，转向末端利用环节。以立法的形式，要求养殖主体主动寻求种植主体为其消纳，建立

粪便资源化利用台账，监督考核以产能倒推产量，确保粪肥流向全程可追溯。

畜禽粪便具有资源和污染双重属性。按照“污染者付费”原则，应明确界定：养殖场自身不能妥善处理和利用的畜禽粪便，就是潜在的污染物，第三方主体收集其养殖场产生的粪便，相当于为其提供污染处理服务，养殖场应主动、免费，甚至付费将其自身无法消纳的粪便交付给收集主体。

（三）培育社会化服务组织，打通种养循环堵点

社会化服务组织是连接种养两端，畅通种养循环的有效桥梁，能够有效地解决种植与养殖衔接中的现实难题。从价值链的角度来看，是将补贴投入从污染治理的前端移向了资源化利用的后端，减少了对于不可控因素的依赖。大力培育第三方主体，以市场化运作为主，通过财政补助、竞争立项等方式，积极引导具有成熟种养结合循环农业发展模式的龙头企业、合作社、社会化服务组织等新型主体参与，构建起多方共赢、服务有效的利益联结机制。同时，培育社会化服务组织，要以结果为导向，对粪肥还田收集处理、施用服务等不同环节的服务量予以补奖，对提供全环节服务的专业化服务主体，可依据还田面积按亩均标准打包补奖。

（四）强化科技支撑，提高有机肥施用便利性

目前我国有机肥多是施用在高附加值的经济作物，以高收益来弥补有机肥的施用成本。但是这种模式能消纳的有机肥只占了粪肥产生量中的很少一部分。推行种养结合，实现养殖粪污全量化还田，终究是要还到大田作物中，实现大规模的施用。这就对现有的农机科技提出了更高的要求，要充分发挥科技创新联盟作用，有效利用最新的数字技术、新型材料，研发适用于不同种植条件的粪肥还田农机。完善农机具补贴制度，大力推广简单实用技术，让有机肥和化肥相比具有一定的竞争优势，这样才能促进农民施用更多的有机肥。同时，要强化有机肥标准管理，增加标准种类，提出堆肥的初级有机肥固态、液态技术标准和施用规范，确保有机肥环境风险可控。

参考文献

[1] 楚天舒，王柄雄，高思程，等．基于农田土壤重金属污染风险筛选值的畜禽粪污农田承载力估算［J］．中国农业大学学报，2021（2）：125-138.

[2] 董彭旭，姜兵．黑龙江省畜禽养殖污染防治措施探析［J］．现代农业科技，2019（12）：158+165.

[3] 高祥照，马文奇，杜森，等．我国施肥中存在问题的分析［J］．土壤通报，2001（6）：258-261.

[4] 胡钰，金书秦，吴娜伟，等．畜禽养殖业布局调整政策环境风险评估——以黑龙江省为例［J］．环境保护，2019（6）：61-64.

[5] 胡钰，林煜，金书秦．农业面源污染形势和“十四五”政策取向——基于两次全国污染源普查公报的比较分析［J］．环境保护，2021（1）：31-36.

[6] 姜亦华．浙江生态农业的三级循环探究［J］．南方农机，2018（2）：188-189.

[7] 农业部关于印发《种养结合循环农业示范工程建设规划（2017—2020年）》的通知［J］．中华人民共和国农业部公报，2017（9）：42-55.

[8] 张斌，金书秦．荷兰农业绿色转型经验与政策启示［J］．中国农业资源与区划，2020（5）：1-7.

[9] 张廉红．猪场粪污重金属污染控制措施［J］．国外畜牧学（猪与禽），2021（4）：72-73.

[10] Gu B，Ju X，Chang J，et al. Integrated reactive nitrogen budgets and future trends in China［J］. PNAS，2015（28）：8792-8797.

[11] Jin S，Zhang B，Wu B，et al. Decoupling livestock and crop production at the household level in China［J］. Nature Sustainability，2021，4（1）：48-55.

结语：保持战略定力 纵深推进农业绿色发展

党的十八大以来，农业绿色发展被提到前所未有的高度，农业发展实现了从大水大肥到减排固碳的绿色转型，经验和成效可总结为“管出来、产出来、卖出去、强保障”。

关于管出来。以绿色生态为导向，聚焦农业资源保护利用、农业面源污染治理、农业生态修复保育以及绿色优质农产品供给等四个方面，国家出台了一系列法律法规和规范性政策文件，加快推进农业绿色发展的制度体系基本建立。一方面，法制体系不断健全。国家相继制修订了《中华人民共和国环境保护法》《中华人民共和国水污染防治法》《中华人民共和国土壤污染防治法》《中华人民共和国大气污染防治法》《中华人民共和国畜禽规模养殖污染防治条例》等法律法规，颁布实施了《中华人民共和国乡村振兴促进法》，对农业绿色发展提出了明确要求。先后出台了《农用地土壤环境管理办法》《农用薄膜管理办法》《农药包装废弃物回收处理管理办法》等，深入落实法律法规有关要求。另一方面，政策体系不断完善。党中央、国务院出台了《关于创新体制机制推进农业绿色发展的意见》《关于加快推进畜禽养殖废弃物资源化利用的意见》等政策文件，制定实施了《全国农业可持续发展规划（2015—2030 年）》《农业环境突出问题治理总体规划（2014—2018年）》《“十四五”全国农业绿色发展规划》等规划方案，不断强化政策指引和工作落实。

关于产出来。紧紧围绕“一控两减三基本”核心目标，农业生产方式向绿色化转型，农业产地环境治理成效显著，农业绿色高质量发展水平不断提高。扎实开展化肥农药使用量零增长行动，化肥农药当季利用效率均提高到40%以上，总用量连年负增长，实现历史性转折。在源头上加强农作物秸秆禁烧管控工作与积极开拓农作物秸秆综合利用渠道双管齐下。2021年全国农作物秸秆综合利用率达88.1%，比2015年提高8个百分点。通过开展各类项目、行动促进畜禽粪污资源化利用，2021年全国畜禽粪污综合利用率超过76%。农膜监管制度体系不断健全，农膜回收率超过80%。当前，我国农业正在转向不断满足人民日益增长的美好生活需要的提质增效发展时期。2021年，农业生产“三品一标”提升行动启动实施，顶层设计不断强化，产品数量快速增加，全产业链标准化试点持续推进，品质评价创新开展，带证产品覆盖率有所提高，推广模式持续创新，标准体系加快完善，新“三品一标”推进取得积极成效。

关于卖出去。十年多来，农业绿色发展市场体系不断完善加强，尤其在“生态产品”概念正式提出后，农业绿色发展市场的理论和政策体系得到了升华和扩充，从绿色优质农产品供给扩展到了文化服务和农业生态系统服务等具有公共属性产品。农业绿色发展市场体系也从“卖产品”扩展到“卖服务”“卖权益”，价值实现的路径更加多元化。在绿色优质农产品市场体系方面，农产品优质优价一直是着力打造的重点。推进农产品优质优价，最大的障碍在于“信息不对称”。为了解决这一问题，这十年多来，一方面通过标签认证的形式对优质农产品生产信息进行标识披露，大力推进绿色食品、有机和地理标志农产品认证，目前这三项标识的认证产品数已超5.9万个，比2017年增长84.8%。另一方面通过加强市场监管，提高消费者对产品信任度，我国农产品质量安全例行监测合格率连续七年稳定在97%以上，城乡居民食物消费正在由“吃得饱”加快向“吃得好”升级。在文化服务市场体系方面，随着我国综合生产能力以及人们生活水平的提高，产业业态逐渐多元化，农业多功能性不断被开发，农业生态涵养、休闲体验、文化传承等功能凸显。十年来，通过中国最美休闲乡村推介、中国美丽田园推介、全国休闲农业星级评定等品牌培育工程，休闲农业和乡村旅游蓬勃发展。2021年中国乡村游客规模为86654万人次，同比增长55.5%。乡村休闲旅游正在成为社会投资的新热点，农村正在成为城市居民休闲体验的后花园。在农业生态系统权益市场体系方面，农业生态系统具有碳汇、环境质量调节等服务功能，随着我国产权交易市场体系的完善，农业生态系统的市场价值得到显现，农业碳交易、农业排污权交易得到不断探索。经过多年努力，我国已经初步建立起全国统一的碳排放权交易市场。此外，还有农产品碳标签等制度也逐渐引入市场，为绿色生产的环境效益变现提供有效量化、交易载体，让农业绿色发展的践行者多渠道增收，得到实实在在的利益。

关于强保障。我国不断健全完善农业绿色发展的投入保障机制，积极构建财政优先保障、金融重点倾斜、社会积极参与的多元化投入格局，为全面推进农业绿色发展提供了坚实的投资支撑。遵循绿色引领、统筹兼顾，存量优化、增量倾斜，系统设计、稳妥推进的原则，将农业作为财政支出的优先保障领域，不断加大农业绿色发展重点领域和关键环节的投入力度，建立起以绿色生态为导向的农业补贴政策体系，引导农业发展方式加快转变。2022年，中央财政安排24.7亿元继续开展绿色种养循环试点，促进畜禽粪污资源化利用；安排110多亿元资金支持耕地轮作休耕，实施面积近7000万亩。除财政资金投入外，绿色信贷、绿色保险、绿色债权、绿色基金以及碳交易等多元主体的投融资模式也在蓬勃发展，为农业绿色发展注入了市场活水。同时，不断强化农业绿色发展投入保障措施。2015 年，中共中央办公厅、国务院办公厅印发了《深化农村改革综合性实施方案》，要求将健全农业支持保护制度作为农村改革五大领域之一，明确提出建立农业农村投入稳定增长机制，把农业农村作为财政支出的优先保障领域。2021 年，农业农村部等 6 部委联合印发的《“十四五”全国农业绿色发展规划》中，提出要进一步完善农业绿色发展综合评价方法，完善化肥农业使用量、废弃物资源化利用的精准核算方法，提高农业绿色发展绩效评价水平，并进一步探索将农业生态保护任务完成情况纳入领导干部任期生态文明建设责任制、乡村振兴实绩考核范畴。

党的二十大报告提出加快建设农业强国，同时，用专章阐释了“推动绿色发展，促进人与自然和谐共生”。报告指出，尊重自然、顺应自然、保护自然，是全面建设社会主义现代化国家的内在要求。绿色是农业的底色，农业农村现代化必须是绿色的现代化。站在新的起点纵深推进农业绿色发展，战略上要从“攻坚战”转为“持久战”，战术上要从问题倒逼、要素减量转向主动求变、系统绿化，战法上要从行政推动到市场驱动。

一要从“国之大者”的高度理解农业绿色发展的重要性。粮食安全和生态保护都是习近平总书记明确提到的“国之大者”，农业绿色发展就是要在保障粮食安全的同时保护农业生态环境。因此，推进农业绿色发展既是贯彻新发展理念的举措，也是讲政治、讲大局的要求。推进农业绿色发展要算大账、算政治账，要牢固树立保护农业生态环境就是发展农业生产力，耕地就是最大的粮仓，保护耕地是最有效的囤粮手段，保护山水林田湖草就是积攒鱼虾蟹肉蛋奶的意识。

二要充分认识深入推进农业绿色发展的艰巨性。“十三五”时期，农业农村发展取得巨大成就，粮食产量稳定在 6500 亿千克以上。然而，由于种种原因，猪肉供给一度紧张，新冠疫情暴发以来，先后有十几个国家实行农产品出口限制，粮食安全的极端重要性进一步凸显。“十四五”和今后一个时期，稳产保供压力巨大，这对农业绿色发展构成严峻挑战。一方面，经济下行压力较大往往是环保容易“放水”的时候，要咬住青山不放松，不能有松劲、歇脚的思想。另一方面，要妥善处理好短期保供给和长期可持续的关系，坚决防止旧账未还再添新账。

三要尊重农业绿色发展的科学规律。推进绿色发展的本质是促进人与自然和谐共生，必须遵循自然规律。农业最基本的自然规律就是种粮食就会产秸秆，养猪就会排粪。不能一边对粮食猪肉等农产品趋之若鹜，一边视秸秆粪便等副产物为洪水猛兽。针对农业生产产出的副产品，在政策措施上要疏堵结合，以疏为主，找到合理利用出路。此外，农业绿色发展具有阶段性，可划分为“去污、提质、增效”三个阶段：去污就是生产生活过程的清洁化，实现增产增收不增污；提质就是实现产地绿色化和产品优质化，通过完善市场实现优质优价；增效就是绿色成为驱动发展的内生动力，农业农村的多功能性逐步凸显，成为满足人们对美好生活向往的重要载体，绿色和发展相得益彰。各地所处的阶段不一样，追求的目标和采取的手段都有所不同，要立足本地发展阶段，既不能开倒车，也不能搞“一刀切”。

四要充分应用市场手段。在推进农业农村绿色发展的过程中，将产生 3 个方面的红利：一是化肥、农药、农膜等化学投入品减量和作物秸秆、畜禽粪便资源化利用带来的减排红利；二是产品质量提升带来的产品红利；三是产地环境改善带来的生态红利。要以“产品—服务—功能”的眼光来重新衡量农业的价值，通过生态补偿、发展绿色农产品、有机农产品和地理标志农产品、农业产业链延伸等手段将以上红利变成农业产值和农民收入，实现“绿水青山”和“金山银山”的转化。

五要妥善利用政策工具。对“三农”的支持力度要继续加强，支持的方向要更加绿色。要综合应用补贴、试点示范、工程项目等手段，引导农业向绿色生态转型。探索耕地地力保护补贴与化肥农药减量、秸秆综合利用、农膜和农药包装回收等行为挂钩，开展区域补偿试点工作。持续强化政策创设，以钉钉子精神推进农业面源污染防治。总结国家农业绿色发展先行区建设经验，在更大范围内复制和推广先进模式。